Wörlen Grundzüge des Privatrechts
Band II (Teilband 1)

Grundzüge des Privatrechts

Eine Einführung für Studierende der Wirtschaftswissenschaften, insbesondere an Fachhochschulen

Band II

Grundbegriffe des Schuldrechts

Teilband 1: Allgemeines Schuldrecht

Von Dr. iur. Rainer Wörlen
Professor an der Fachhochschule Köln

2., überarbeitete und verbesserte Auflage

Carl Heymanns Verlag KG Köln · Berlin · Bonn · München

Die Deutsche Bibliothek – CIP- Einheitsaufnahme

Wörlen, Rainer:
Grundzüge des Privatrechts: Eine Einführung für Studierende der Wirtschaftswissenschaften, insbesondere an Fachhochschulen / von Rainer Wörlen – Köln; Berlin; Bonn; München: Heymann.

Bd. II: Grundbegriffe des Schuldrechts, Teilband 1. Allgemeines Schuldrecht. – 2., überarb. u. verb. Aufl. 1994
ISBN 3-452-22758-8

ISBN 3-452-22758-8

Satz: John + John, Köln

Druck: Grafik + Druck, München

»Es ist . . . nicht ohne Aussagekraft, daß 'Jus' im Lateinischen 'Recht' heißt, im Französischen jedoch (u. a.) 'Brühe'! Kocht man all die vielen Vergehen des Lebens, die großen Schandtaten wie die kleinen Schikanen des Alltags lange genug, erhält man jene konzentrierte Brühe, die in ihren einzelnen Bestandteilen undefinierbar, im Ganzen genossen jedoch kräftigend wirkt und die tägliche Speise zu würzen vermag, die uns das Dasein beschert.«*

* nicht im Literaturverzeichnis: Ernst Günter *Tange*, Vom Vergnügen, Recht zu haben; Frankfurt 1992, S. 5

Vorwort zur zweiten Auflage*

Der erfreuliche Absatz von Band I (»Einführung in das Recht und Allgemeiner Teil des BGB«) sowie der Vorauflage dieses Bandes II meiner »Grundzüge des Privatrechts«, denen inzwischen die Bände III–V (vgl. Literaturverzeichnis) folgen konnten, hat gezeigt, daß das inhaltliche und didaktische Konzept des Werks großen Anklang gefunden hat. Dies gilt gleichermaßen für Studierende der Wirtschaftswissenschaften an Fachhochschulen und Universitäten sowie für juristische Studienanfänger, die einen leicht zugänglichen Einstieg in Teilrechtsgebiete des Privatrechts suchen. Dies gilt aber auch für viele Kolleginnen und Kollegen, denen ich eine Reihe von anerkennenden Rezensionen verdanke, woraus sich eine rege Korrespondenz ergeben hat. Eine Vielzahl von berichtigenden und ergänzenden Hinweisen habe ich gern und dankbar aufgenommen und kurze *Ergänzungen* zu folgenden »Stichworten« eingefügt: Allgemeine Geschäftsbedingungen, Haftung für »Zufall« beim Schuldnerverzug, Reform des deutschen Schuldrechts, Factoring, Franchising, Reisevertragsrecht, Produzenten- und Produkthaftung, Haftung für Umweltschäden sowie Drittschadensliquidation. Dementsprechend wurden auch die jeweiligen Hinweise auf die »Literatur zur Vertiefung« ergänzt, die zudem um einige einführende Aufsätze und Klausur-Fallbearbeitungen aus Zeitschriften erweitert und – wie auch das Literaturverzeichnis – auf den möglichst neuesten Stand gebracht wurde.

Auf die »Literatur zur Vertiefung« verweise ich nicht etwa, weil ich selbst »offenbar Defizite in der systematischen Darstellung« oder in der Gewichtung der vorgestellten Teilrechtsgebiete sehe ...: Ein »Grundriß« kann niemals »vollständig« sein: »Was dem einen zuviel ist, ist dem anderen zu wenig« ...

Eine *wesentliche* Änderung wurde erforderlich durch das Inkrafttreten des neuen Verbraucherkreditgesetzes am 1.1.1991, welches nun-

* **Zur Arbeitsweise mit diesem Buch seien die Studierenden auf die folgenden Auszüge aus dem Vorwort zur 1. Auflage hingewiesen, das unbedingt gelesen und beherzigt werden sollte!**

mehr (mit Hinweisen auf das HausTWG) in einem eigenen Abschnitt anstelle des alten Abzahlungsgesetzes behandelt wird.

Diese Änderung sowie die oben erwähnten Ergänzungen führten dazu, daß der Umfang dieses Buches erheblich zugenommen hat. Daher wurde es erforderlich, das Werk in zwei Teilbände aufzuteilen.

Für eine Vielzahl von wertvollen Anregungen und ihre kritische und hilfreiche Mitarbeit habe ich wieder gerne Frau Prof. Dr. Karin Metzler-Müller von der Verwaltungsfachhochschule in Wiesbaden zu danken!

Herrn stud. rer. pol. Jens Engehausen danke ich für die Hilfe bei der Manuskript-Korrektur sowie für die Schreibarbeiten der notwendigen Änderungen und Ergänzungen.

Für Anregungen und Hinweise aus dem Leserkreis bin ich weiterhin stets offen und dankbar.

Köln, im Oktober 1993 *Rainer Wörlen*

Aus dem Vorwort zur ersten Auflage – zugleich eine Arbeitsanleitung

Der vorliegende Band II meiner »Grundzüge des Privatrechts« basiert wie Band I (»Einführung in das Recht und Allgemeiner Teil des BGB«) auf meinen Arbeitsgemeinschaften für Studienanfänger an den juristischen Fakultäten der Universitäten Würzburg und Freiburg sowie auf meinen Vorlesungen zum »Wirtschaftsrecht« im Fachbereich Versicherungswesen der Fachhochschule Köln. Zum »Wirtschaftsrecht« im Sinne des dort gültigen Studienplanes zählen insbesondere die »Grundbegriffe« des gesamten Bürgerlichen Rechts, wobei der Schwerpunkt selbstverständlich auf den wirtschaftlich relevanteren ersten drei Büchern des BGB liegt, während das Familien- und das Erbrecht nur kurz angesprochen werden. Darüber hinaus erhalten die künftigen Diplom-Betriebswirte im Rahmen ihres Grundstudiums kurze Einführungen in das Handelsrecht (inklusive ein wenig Gesellschaftsrecht) sowie in das Arbeitsrecht.

Im Wintersemester 1990/91 habe ich einen Lehrauftrag »Recht für Wirtschaftswissenschaftler« an der wirtschaftswissenschaftlichen Fakultät der Heinrich-Heine-Universität Düsseldorf durchgeführt. Die Arbeit mit den Studierenden des dortigen Studienganges »Betriebswirtschaftslehre« sowie die ermunternden Rezensionen zu Band I haben gezeigt, daß das *inhaltliche* Konzept dieser Grundzüge für Studierende der Wirtschaftswissenschaften an Fachhochschulen und Universitäten gleichermaßen geeignet ist.

Der in Band I behandelte Stoff wird in diesem Buch als bekannt vorausgesetzt. Im übrigen gilt für das *didaktische* Konzept und das Lernen mit Band II dasselbe wie für Band I:

»Einführungen«, »Grundzüge« und dergleichen haben gemeinsam, daß sie niemals vollständig sein können. So ist es nicht Ziel dieses Buches, die Vielzahl der auf dem Markt befindlichen, zum Teil vorzüglichen und viel umfassenderen Einführungswerke nur um eine andersartige Stoffauswahl zu ergänzen. (Auf einige dieser Werke wird bisweilen unter der Überschrift »Zur Vertiefung« ebenso verwiesen wie auf speziellere Lehrbücher.)

Der *Zweck dieser »Grundzüge«* ist vielmehr ein »didaktisch-pädagogischer«: *Den Studierenden soll der Stoff nicht in einem vortragsähnlichen Monolog nahegebracht werden, sondern – wie es in der praxis- und anwendungsbezogenen Lehre an Fachhochschulen üblich ist – in Form eines »Lehrgesprächs«.* Ihnen soll anhand von zur Thematik hinführenden Fragen oft Gelegenheit gegeben werden, sich *zunächst eigene* Gedanken zu machen, bevor sie die Antworten lesen, die den Stoff lehrbuchartig darbieten.

Bei der Darstellung des Stoffes wird weitgehend die sogenannte »Fall-Methode« angewandt: »Das Recht« wird in der Praxis des täglichen Lebens von Rechtsfällen (Rechtsstreitigkeiten) beherrscht; so liegt es nahe, eine praxis- und anwendungsbezogene Lehre am »Fall« zu orientieren. Ein solcher Fall endet regelmäßig mit einer Frage, und zu dieser Frage sollten die Studierenden bei der Durcharbeitung dieses Buches wiederum – *auch ohne besondere Aufforderung – zunächst eigene Überlegungen* anstellen, bevor sie weiterlesen.

Erfolgreiches Lernen bedeutet schließlich nicht nur **Lesen** und **Nachdenken,** sondern immer und immer wieder: **Wiederholen!** Um den Studierenden Gelegenheit zu geben zu überprüfen, was von dem zuvor im Lehrgespräch Erarbeiteten (bzw. hier Gelesenen) im Gedächtnis haften geblieben ist, werden ihnen am Ende von Teilabschnitten Stoffgliederungsübersichten, Merksätze und Prüfungsschemata dargeboten. Sollte man bei der Lektüre dieser Übersichten feststellen, daß man der Zusammenfassung nicht ohne Schwierigkeiten folgen kann, so sollte man tunlichst zurückblättern, um den Stoff nachzuarbeiten! Gegebenenfalls mache man sich Notizen, um einem »Problem« anhand von vertiefender Literatur nachzugehen.

Juristische »Probleme« werden in diesem Buch ohnehin bewußt nicht erörtert – dies bleibe den Juristen »unter sich« überlassen! Wer sich an der Fachhochschule (aber auch an der Universität) als Wirtschaftswissenschaftler mit »Recht« (gemeint ist dann überwiegend »Privat-« bzw. »Wirtschaftsrecht«) befassen muß, soll nur einen Blick über die Grenze seiner (Wirtschafts-)Wissenschaft werfen; nicht mehr und nicht weniger! In einem juristischen Einführungswerk, das sich in erster Linie an Wirtschaftswissenschaftler wendet – selbstverständlich kann es auch angehenden Juristen einen ersten Einstieg geben –, haben Zitate wie »BGHZ« oder »BGH NJW« ebensowenig zu suchen wie solche von umfangreichen »Klassiker«-Lehrbüchern oder dickleibigen Kommentaren!

Um Mißverständnisse dieser »Kritik« zu vermeiden: Solche Zitate haben *dann* in Einführungswerken wie dem vorliegenden »nichts zu suchen«, wenn sie dazu dienen sollen, die Studierenden zu animieren, einen angesprochenen »Meinungsstreit« zu einem juristischen »Problem« durch die Lektüre dieser Zitate (z.B.: »vgl. dazu Palandt, a.a.O., Vorbem. v. § 459, Rdnr. 2, m.w.N. zum Meinungsstreit«) *nachzuarbeiten!* Das trägt meist eher zur Verwirrung als zur Klärung bei. Zur Nacharbeitung des dargebotenen Stoffes dienen die konkreten Literaturhinweise »Zur Vertiefung« am Ende von Abschnitten innerhalb des *Textes*.

Wenn z.B. »Palandt«, ein sog. »Lehrbuchklassiker«, ein BGH-Urteil, ein ganz spezieller Zeitschriftenaufsatz u.ä. in meinen Fußnoten manchmal dennoch erscheinen, dann nur, um – der Zitierwahrheit entsprechend – zu *belegen*, daß die eine oder andere Passage den Formulierungen dieser zitierten Werke nachempfunden wurde (weil man es selbst treffender nicht mehr ausdrücken kann) ...

Damit die Studierenden durch die Fußnoten in diesem Buch nicht unnütz vom Lernen abgelenkt werden, empfehle ich, wie folgt zu verfahren:

Betrachten Sie nur die halbfett gedruckten Fußnotentexte als Pflichtlektüre! Den *kursiv gedruckten Fußnoten* sollten Sie nur nachgehen, wenn Sie Zeit und Interesse haben, etwas *mehr* zu erfahren als in den Prüfungen von Ihnen verlangt wird.

Die mager gedruckten Fußnotentexte brauchen Sie überhaupt nicht zu lesen (= »Belege/Zitierwahrheit«).

Schließlich sollen diese »Grundzüge« bei der Stoffvermittlung auch ein wenig an die zivilrechtliche, gutachtliche Denkweise heranführen, deren Beherrschung für die Anfertigung von Prüfungsklausuren geboten ist. Bisweilen wird der Stoff, den ein Fall vermitteln soll, daher in gutachtenähnlicher Form »klausurmäßig« aufbereitet.

Zur Perfektionierung ihrer Klausurentechnik sollten die Studierenden meine (in demselben Verlag erschienene) »Anleitung zur Lösung von Zivilrechtsfällen« durcharbeiten, die sich materiellrechtlich schwerpunktmäßig auf den Allgemeinen Teil des BGB und das Allgemeine Schuldrecht erstreckt.

Es ist kein Zufall, daß in diesem Vorwort so häufig vom *»Arbeiten«* (*Durch*arbeiten, *Nach*arbeiten – auch *Vor*arbeiten kann nicht schaden!) die Rede ist. Es soll ja zugleich eine *Arbeits*anleitung sein!

»Ohne Arbeit kein Erfolg!« oder »Ohne Fleiß kein Preis!« sind nicht etwa Allgemeinplätze, sondern reine Wahrheit, »nichts als die Wahrheit!« Das *Arbeiten* (Synonym: Studieren!) kann dieses Buch, wie auch andere, nicht ersetzen. Es kann und soll die Arbeit aber erleichtern und auflockern!

Bevor Sie mit der Lektüre beginnen, noch ein letzter Ratschlag, der, obwohl eigentlich selbstverständlich, nicht oft genug wiederholt werden kann: **Lesen Sie jede zitierte Vorschrift (=§!) sorgfältig durch;** wenn Sie diesen Band der »Grundzüge« durcharbeiten, ist die ständige Benutzung (Lektüre) eines Textes des

BGB unerläßlich. Ausreichend und empfehlenswert ist die Anschaffung der neuesten Auflage (BGB mit Nebengesetzen) der »Beck-Texte im dtv«, Nr. 5001. Den Hinweis »Lesen!« werden Sie im Text dieses Buches immer wieder finden. Wenn ich die Wichtigkeit der Gesetzeslektüre in meiner »Anleitung zur Lösung von Zivilrechtsfällen« noch mit dem Satz »Die halbe Juristenwahrheit steht im Gesetz« unterstrichen habe, so möchte/muß ich dem noch hinzufügen: *»Die Hälfte aller Fehler in juristischen Anfängerklausuren könnte vermieden werden, wenn die Bearbeiter die zitierten Vorschriften (genauer) lesen würden.«* –

Köln, im März 1991 *Rainer Wörlen*

Inhalt

Verzeichnis der Übersichten

Abkürzungen

(Inkl. Teilband 2)

a.a.O.	am angegebenen Ort
Abs.	Absatz
Abschn.	Abschnitt
ABU	Allg. Bedingungen f.d. Bauwesenversicherung v. Unternehmerleistungen
ABV	Allg. Bedingungen d. Vertrauensschadenversicherung
AbzG	Ges.betr.d. Abzahlungsgeschäfte (Abzahlungsgesetz) v. 16.5.1894 (RGBl. S. 450)
ADAC	Allg. Deutscher Automobilclub
AEB	Allg. Einbruchdiebstahlversicherung
AFB	Allg. Feuerversicherungsbedingungen
AG	Aktiengesellschaft
AGB	Allgemeine Geschäftsbedingungen
AGBG	Ges. z. Regelung d. Rechts d. Allg. Geschäftsbedingungen v. 9.12.1976 (BGBl. I S. 3317)
AHB	Allg. Versicherungsbedingungen f. Haftpflichtversicherungen
AJP	Aktuelle Juristische Praxis (Zeitschrift, Schweiz)
AKB	Allg. Bedingungen f.d. Kraftverkehrsversicherung
AktG	Ges. ü. Aktiengesellschaften u. Kommanditgesellschaften auf Aktien (Aktiengesetz) v. 6.9.1965 (BGBl. I S. 1089)
allg.	allgemein/e(s)/r
Anh.	Anhang
Anm.	Anmerkung
arg.	Argument (argumentum)
Art.	Artikel
AT	Allgemeiner Teil
AtomG	Ges. ü.d. friedliche Verwendung d. Kernenergie u.d. Schutz gg. ihre Gefahren (Atomgesetz) i.d.F.v. 31.10.1976 (BGBl. I S. 3053)
Aufl.	Auflage
AVB	Allg. Versicherungsbedingungen
AVK	Allg. Versicherungsbedingungen d.priv. Krankenversicherung
BBergG	Bundesberggesetz v. 13.8.1980 (BGBl. I S. 1310)
Bd.	Band
bes.	besonder/e/s
BGB	Bürgerliches Gesetzbuch v. 18.8.1896 (RGBl. S. 195)
BGBl.	Bundesgesetzblatt
BGH	Bundesgerichtshof
BGHZ	Entscheidungen des Bundesgerichtshofs in Zivilsachen
BR	Bürgerliches Recht

BRAGO	Bundesgebührenordnung f. Rechtsanwälte v. 26.7.1957 (BGBl. I S. 861, 907)
Bsp.	Beispiel
BT	Besonderer Teil
bzw.	beziehungsweise
c.i.c.	culpa in contrahendo
d.	das/der/des/die
d.h.	das heißt
ders.	derselbe
dies.	dieselben
dtv	Deutscher Taschenbuch Verlag
EG	Europäische Gemeinschaften
EGHGB	Einführungsgesetz z. Handelsgesetzbuch v. 10.5.1897 (RGBl. S. 604; BGBl. III S. 4101-1)
etc.	et cetera
EV	Eigentumsvorbehalt
evtl.	eventuell
EWG	Europäische Wirtschaftsgemeinschaft
f.	für/folgende (Seite)
ff.	folgende (Seiten)
Geb.	Gebühren
gem.	gemäß
G/Ges.	Gesetz
GOA	Geb. ordnung f. Architekten (s. HOAI)
GoA	Geschäftsführung ohne Auftrag
GOÄ	Geb. ordnung f. Ärzte v. 18.3.1965 (BGBl. I S. 89)
GOI	Geb. ordnung f. Ingenieure (s. HOAI)
ggf.	gegebenenfalls
Gl.	Gläubiger
HAR	Handwörterbuch des Agrarrechts
HausTWG	Ges. ü.d. Widerruf v. Haustürgeschäften v. 16.1.1986 (BGBl. I S. 122)
h.M.	herrschende Meinung
HGB	Handelsgesetzbuch v. 10.5.1897 (RGBl. S. 219)
HOAI	Honorarordnung f. Architekten u. Ingenieure v. 17.9.1976 (BGBl. I S. 2085)
HpflG	Haftpflichtgesetz i.d.F.v. 4.1.1978 (BGBl. I S. 146)
Hrsg.	Herausgeber
hrsg.	herausgegeben
HS	Halbsatz

i.d.F.	in der Fassung
i.d.R.	in der Regel
i.e.	im einzelnen
i.S.d.	im Sinne der/des
i.S.v.	im Sinne von
i.V.m.	in Verbindung mit
inkl.	inklusive
insbes.	insbesondere
it.	italienisch
JherJb.	Jherings Jahrbücher für die Dogmatik des bürgerlichen Rechts
JuS	Juristische Schulung
Kfz.	Kraftfahrzeug
lat.	lateinisch
LuftVG	Luftverkehrsgesetz i.d.F.v. 14.1.1981 (BGBl. I S. 61)
m.w.N.	mit weiteren Nachweisen
NJW	Neue Juristische Wochenschrift
Nr.	Nummer
o./od.	oder
obj.	objektiv
p.V.V.	positive Vertragsverletzung
PflVG	Ges. ü.d. Pflichtversicherung f. Kraftfahrzeughalter (Pflichtversicherungsgesetz) v. 5.4.1965 (BGBl. I S. 213)
Pkw.	Personenkraftwagen
priv.	privat/e/r
ProdHaftG	Ges. ü.d. Haftung f. fehlerhafte Produkte (Produkthaftungsgesetz) v. 15.12.1989
Rdnr.	Randnummer
RGBl.	Reichsgesetzblatt
S.	Satz/Seite
Sch.	Schuldner
SchR	Schuldrecht
sog.	sogenannt/e/r
Sp.	Spalte
StGB	Strafgesetzbuch i.d.F.v. 2.1.1975 (BGBl. I S. 129)
StPO	Strafprozeßordnung i.d.F.v. 7.1.1975 (BGBl. I S. 129)
StVG	Straßenverkehrsgesetz v. 19.12.1952 (BGBl. I S. 837)
StVO	Straßenverkehrsordnung v. 16.11.1970 (BGBl. I S. 1565; 1971 I S. 38)

ü.	über
überarb.	überarbeitet
u.	und/unter
u.a.	unter anderem
UmweltHG	Umwelthaftungsgesetz v. 20.12.1990 (BGBl. I S. 2634)
u.s.w.	und so weiter
Urt.	Urteil
v.	von/vom
Var.	Variante
verb.	verbessert(e)
VerbrKrG	Verbraucherkreditgesetz v. 17.12.1990 (BGBl. I S. 2840)
vgl.	vergleiche
Vorauss.	Voraussetzung/en
Vorbem.	Vorbemerkung
VuR	Verbraucher und Recht
VVG	Ges. ü.d. Versicherungsvertrag (Versicherungsvertragsges.) v. 30.5.1908 (RGBl. S. 263)
V.zg.D.	Vertrag zugunsten Dritter
WGG	Wegfall der Geschäftsgrundlage
WHG	Ges.z. Ordnung des Wasserhaushaltes (Wasserhaushaltsgesetz) i.d.F.v. 16.10.1976 (BGBl. I S. 3017)
z.	zur/zum
z.B.	zum Beispiel
ZPO	Zivilprozeßordnung v. 30.1.1877 (RGBl. S. 83)
ZR	Zivilrecht (bei Gerichtsurt.: Zivilrechts-Senat)

Literatur

(Inkl. Teilband 2)

Alpmann und Schmidt	(Juristische Lehrgänge) Schuldrecht AT 1, 1992; Schuldrecht AT 2, 1992; Schuldrecht BT 1, 1992; Schuldrecht BT 2, 1992; Schuldrecht BT 3, 1993; Schuldrecht BT 4 1991
Bähr, Peter*	Grundzüge des Bürgerlichen Rechts, 8. Aufl. 1991
Belke, Rolf O.*	Die Prüfung Allgemeiner Geschäftsbedingungen in der Klausur, in: JA 1988, S. 475 ff.
Bender, Rolf	Das Verbraucherkreditgesetz, in: VuR 1991, S. 197 ff.
Beuthien/Hadding/ Lüderitz/Medicus/ Wolf	Studienkommentar zum BGB, Erstes bis Drittes Buch, 2. Aufl. 1979
Bickel, Dietrich*	Das zerstörte Speiseservice, in: Jura 1990, S. 592 ff.
Brox, Hans	Allgemeiner Teil des Bürgerlichen Gesetzbuches, 17.Auflage 1993
ders.	Allgemeines Schuldrecht, 20. Aufl. 1992
ders.	Besonderes Schuldrecht, 18. Aufl. 1992
Bülow, Peter	Das neue Verbraucherkreditgesetz, in: NJW 1991, S. 129 ff.
Bundesminister der Justiz (Hrsg.)	Abschlußbericht der Kommission des Schuldrechts, Bundesanzeiger (Köln) 1992
Coester, Michael	Verbraucherschutz bei drittfinanzierten Geschäften (§ 9 VerbrKrG), in: Jura 1992, S. 617 ff.
Creifelds, Carl*	Rechtswörterbuch, 11. Aufl. 1992
Deutsch, Erwin	Unerlaubte Handlungen, Schadenersatz und Schmerzensgeld, 2. Aufl. 1993
ders.	Das Recht der Gefährdungshaftung, in: Jura 1983, S. 617 ff.
Duden u.a. (Hrsg.)	Duden »Fremdwörterbuch«, 5. Aufl. 1990
*Ehmann/Breitfeld**	Der mißglückte Vasenkauf, in: Jura 1992, S. 539 ff.
dies.	Emma und Anna, in: Jura 1993, S. 208 ff.
Emmerich, T./*Sellert**	Der Jubiläumskorn, in: Jura 1989, S. 310 ff.

Emmerich, Volker	BGB-Schuldrecht, Besonderer Teil, 6. Aufl. 1992
ders.	Das Verbraucherkreditgesetz, in: JuS 1991, S. 705 ff.
Engelhard	Zu den Aufgaben einer Kommission für die Überarbeitung des Schuldrechts, in: NJW 1984, S. 1201 ff.
Esser/Schmidt	Schuldrecht, Allgemeiner Teil, Teilband 1, 7. Aufl. 1992
dies.	Schuldrecht, Allgemeiner Teil, Teilband 2, 7. Aufl. 1993
Fikentscher, Wolfgang	Schuldrecht, 8. Aufl. 1992
Gernhuber, Joachim	Bürgerliches Recht, 3. Aufl. 1991
Großmann-Doerth, H.	Selbstgeschaffenes Recht und staatliches Recht, 1933
Gursky, Karl-Heinz	Schuldrecht, Besonderer Teil, 1990 (Nachtrag 1991)
Hacks/Ring/Böhm	Schmerzensgeld-Beträge, 16. Aufl. 1993
Hartwig, Horst*	Besondere Schuldverhältnisse mit Hinweisen auf den Zivilprozeß, 2. Aufl. 1978
Hirsch, Christoph	Allgemeines Schuldrecht, 1990
Jauernig/Schlechtriem/Stürner/Teichmann/Vollkommer	Bürgerliches Gesetzbuch, Kommentar, 6. Aufl. 1991
Kirchner, Hildebert	Abkürzungsverzeichnis der Rechtssprache, 4. Aufl. 1993
Köhler, Helmut	BGB-Allgemeiner Teil, 21. Auflage 1991
Klunzinger, Eugen*	Einführung in das Bürgerliche Recht, 4. Aufl. 1991
Kötz, Hein	Deliktsrecht, 5. Aufl. 1991
Lackner, Karl	Strafgesetzbuch mit Erläuterungen, Kommentar, 20. Aufl. 1993
Larenz, Karl	Lehrbuch des Schuldrechts, Bd. I.: Allgemeiner Teil, 14. Aufl. 1987
ders.	Lehrbuch des Schuldrechts, Bd. II: Besonderer Teil, 1. Halbband, 13. Aufl. 1986
Leßmann, H.*	Einführung und Überblick zum Recht der unerlaubten Handlungen, in: JA 1988, S. 57 ff.
*ders.**	Grundtatbestände der unerlaubten Handlungen, in: JA 1988, S. 237 ff.

Löwe, Walter	Das Gesetz zur Regelung der Allgemeinen Geschäftsbedingungen (AGB-Gesetz), in: JuS 1977, S. 421 ff.
Löwisch, Manfred*	Schuldrecht – Allgemeiner Teil, 2. Aufl. 1982
*ders.**	Vertragliche Schuldverhältnisse, 2. Aufl. 1988
Medicus, Dieter	Bürgerliches Recht, 16. Aufl. 1993
ders.	Schuldrecht I, Allgemeiner Teil, 7. Aufl. 1993
ders.	Schuldrecht II, Besonderer Teil, 5. Aufl. 1992
ders.	Das Verbraucherkreditgesetz, in: Jura 1991, S. 561 ff.
Meier-Rudolph/Wörlen	Rechtsfolge- und Rechtsgrundverweisungen im BGB, in: JA 1982, S. 450 ff.
Merle, Werner*	Der unsorgfältige Elektriker, in: Jura 1990, S. 536 ff.
Musielak, Hans-Joachim*	Grundkurs BGB, 3. Aufl. 1992
Palandt (Hrsg.) u.a.	Bürgerliches Gesetzbuch, Kommentar, 52. Aufl. 1993
Reinicke/Tiedtke	Gesamtschuld und Schuldsicherung, 2. Aufl. 1988
dies.	Kaufrecht, 5. Aufl. 1992
Schimikowski, Peter	Haftung für Umweltrisiken, 1991
Schmelzeisen, Gustav Klemens*	Übungen im bürgerlichen Recht für Anfänger und Studenten der Rechtswissenschaften, 4. Aufl. (von Hans Wolf Thümmel) 1981
Schmitz Günther	Grundfälle zum Recht der Leistungsstörungen, 2. Teil: Die Unmöglichkeit, in: JuS 1979, S. 297 ff.
*Schreiber/Fiebig**	Der Sturz in den Fahrstuhlschacht, in: Jura 1992, S. 488 ff.
Schünemann, Wolfgang B.	Wirtschaftsprivatrecht, 1991
Schulte, Hans	Grundkurs im BGB, Bd. 2, 3. Aufl. 1992
Schwab, Dieter	Einführung in das Zivilrecht, 11. Aufl. 1993
*Schwind/Hassenpflug/Nawratil**	BGB leicht gemacht, 23. Aufl. 1992
Schwintowski, H.-P.	Das neue Verbraucherkreditgesetz – Sozialpolitische Instrumentierung des Privatrechts? in: JA 1992, S. 33 ff.

Sonnenschein/Weitemeyer	Probleme mit der Studentenbude, in: Jura 1993, S. 30 ff.
Storm, Peter-Christoph	Art. Umweltrecht, in: HAR (vgl. Abkürzungsverzeichnis), hrsg. von V. *Götz*, K. *Kroeschell* u. W. *Winkler*, Bd. II, 1982
Stürmer/Koepke/Reischel	Neue EG-Produkthaftpflicht, hrsg.v. Gerling-Konzern Allg. Versicherungen AG, 1988
Taschner/Fritsch	Produkthaftungsgesetz und EG-Produkthaftungsrichtlinien, Kommentar, 2. Aufl. 1990
Wertheimer, Frank*	Die Leistungsstörungen im Bürgerlichen Recht – Einführung mit Fällen, Lösungen und Kontrollfragen –, 1993
*Westermann**	Grundbegriffe des BGB, eine Einführung anhand von Fällen (begründet von Harry Westermann, überarbeitet von Harm-Peter Westermann), 13. Aufl. 1991
Westermann, Harm-Peter	BGB – Schuldrecht, Allgemeiner Teil, 4. Aufl. 1992
Wörlen, Rainer*	Anleitung zur Lösung von Zivilrechtsfällen – Methodische Hinweise und Bearbeitungs-Muster – 4. Aufl. 1993
*ders.**	Grundzüge des Privatrechts, Bd. I: Einführung in das Recht und Allgemeiner Teil des BGB, 3. Aufl. 1993
*ders.**	Grundzüge des Privatrechts, Bd. II: Grundbegriffe des Schuldrechts, Teilband 2: Besonderes Schuldrecht, 2. Aufl. 1994
*ders.**	Grundzüge des Privatrechts, Bd. III: Grundbegriffe des Sachenrechts sowie Überblick über das Familienrecht und das Erbrecht, 1992
*ders.**	Grundzüge des Privatrechts, Bd. IV: Grundbegriffe aus dem Handelsrecht mit Bezügen zum Gesellschaftsrecht, 1992
*ders.**	Grundzüge des Privatrechts, Bd. V: Grundbegriffe des Arbeitsrechts, 1992
ders./Mentzinis	Zur Reform des deutschen Schuldrechts – Ein Überblick am Beispiel des allgemeinen Leistungsstörungsrechts –, in: AJP 1993, S. 785 ff.

Die für Anfänger besonders geeigneten Werke sind mit einem »*« versehen.

Das Allgemeine Schuldrecht des Bürgerlichen Gesetzbuches

1. Kapitel: Grundlagen und Regelungsbereich des Schuldrechts

I. Inhalt und Funktion des Schuldrechts

Das Schuldrecht ordnet die privatrechtlichen Beziehungen zwischen zwei oder mehreren Personen. Es dient, neben dem Handelsrecht, der Regelung des rechtsgeschäftlichen, wirtschaftlichen Güterverkehrs, dem Ausgleich ungerechtfertigter Vermögensverschiebungen sowie dem Ersatz von Schäden an Personen und Gütern[1]. Gegenstand des Schuldrechts ist namentlich die nähere Bestimmung der Entstehung (Begründung), der Ausgestaltung (des Inhalts) und der Abwicklung sowie des Erlöschens (der Beendigung) von Schuldverhältnissen.

II. Gesetzliche Regelung – Allgemeines und Besonderes Schuldrecht

Das Schuldrecht ist im zweiten Buch des BGB enthalten und umfaßt die §§ 241–853*. Wenn Sie im vierten Kapitel des ersten Bandes dieser Grundzüge[2] den Aufbau des BGB kennengelernt haben, haben Sie anhand des Inhaltsverzeichnisses des BGB gesehen, daß das zweite Buch in sieben Abschnitte eingeteilt ist. Der siebte Abschnitt, der mit der Überschrift »Einzelne Schuldverhältnisse« versehen ist, enthält eine Beschreibung der in der Rechts- und Wirtschaftspraxis am häufigsten vorkommenden typischen Schuldverhältnisse und ihrer Besonderheiten. Dieser siebte Abschnitt (§§ 433–853) wird als »Besonderes Schuldrecht« bezeichnet. Regelungen, die nicht nur für das jeweils im siebten Abschnitt angesprochene besondere Schuldverhältnis, sondern allgemein für alle Schuldverhältnisse gelten, sind in den Abschnitten eins bis sechs enthalten.

1 vgl. *Brox*, Allg. SchR, Rdnr. 8
* **Alle in diesem Buch ohne Gesetzesbezeichnung zitierten §§ sind solche des BGB!**
2 **ggf. *dort* (nochmals) Übersicht 9 (S. 44) lesen!**

Diese ersten sechs Abschnitte des zweiten Buches des BGB stellen das »Allgemeine Schuldrecht« dar. Da die Regelungen des »Allgemeinen Schuldrechts« für alle Schuldverhältnisse des »Besonderen Schuldrechts« (grundsätzlich aber nicht für das Sachenrecht, das Familienrecht und das Erbrecht!) gelten, ist es bei seiner Darstellung unumgänglich, hin und wieder auch schon Vorschriften des siebten Abschnittes des zweiten Buches heranzuziehen. Auch bei der Betrachtung des Allgemeinen Teils des BGB muß man bereits des öfteren Vorschriften aus den nachfolgenden Büchern des BGB lesen: Das BGB ist nun einmal trotz seiner verschiedenen Regelungsbereiche ein einheitliches Gesetzeswerk, dessen Teilbereiche man niemals völlig isoliert erörtern kann.

Grundsätzlich sind das Allgemeine Schuldrecht und das Besondere Schuldrecht aber getrennt zu betrachten. Das systematische Verhältnis des Allgemeinen Schuldrechts zum Besonderen Schuldrecht entspricht innerhalb des zweiten Buches des BGB dem Verhältnis des Allgemeinen Teils des BGB zu den nachfolgenden Büchern zwei bis fünf: Die Vorschriften des Allgemeinen Schuldrechts sind im zweiten Buch des BGB »vor die Klammer gezogen«[3]. Alles, was Sie in diesem Kapitel und in den nächsten Kapiteln des ersten Teils lernen, gilt für alle besonderen Schuldverhältnisse, die Ihnen im zweiten Teil dieses Bandes erläutert werden.

III. Begriff des Schuldverhältnisses

Wenn Sie sich mit dem vielschichtigen und manchmal auch recht komplizierten (allgemeinen) Recht der Schuldverhältnisse beschäftigen, müssen Sie wissen, was sich hinter dem Begriff »Schuldverhältnis« verbirgt.

■* Wo wird man sinnvollerweise nach der Definition für diesen Begriff suchen?

▷ Im Gesetz, und zwar am Anfang des Allgemeinen Schuldrechts! Wenn Sie dies tun, stoßen Sie zwangsläufig auf § 241, den Sie nun lesen müssen.

3 vgl. a. a. O. (Fn. 2), S. 41 ff.

* **»■« bedeutet im folgenden immer, auch wenn das nicht ausdrücklich erwähnt wird: »Achtung, erst selbst nachdenken! Dann weiterlesen!« Der Pfeil (»▷«) weist auf die Antwort hin.**

■ Haben wir hier eine »Legaldefinition« des Begriffes »Schuldverhältnis«, wie wir sie in § 194 für den Begriff des »Anspruchs« kennen?

▷ Eine ausdrückliche Definition wie in § 194, wo »das Recht, von einem anderen ein Tun oder Unterlassen zu verlangen«, in Klammern als »Anspruch« bezeichnet wird, findet sich in § 241 nicht.

Wir haben aber eine Beschreibung des Wesens des Schuldverhältnisses, aus der wir eine Begriffsdefinition herleiten können (lesen Sie § 241 noch einmal). Das Gesetz beschreibt, was die an einem Schuldverhältnis Beteiligten tun dürfen, wozu sie »kraft des Schuldverhältnisses« berechtigt sind. Aus dieser Beschreibung läßt sich folgende Definition herleiten:

»Unter einem Schuldverhältnis versteht man ein Rechtsverhältnis, in dem sich mindestens zwei Personen in der Weise gegenüberstehen, daß sie einander zu einer Leistung berechtigt oder verpflichtet sind.«

Das Gesetz nennt die Beteiligten an einem Schuldverhältnis »Gläubiger« und »Schuldner«. Der Gläubiger ist berechtigt, vom Schuldner etwas, nämlich eine Leistung, zu fordern. Ausdrücklich wird in § 241 S. 2 erwähnt, daß diese Leistung auch in einem Unterlassen bestehen kann. Der Gläubiger hat, mit anderen Worten, das Recht, vom Schuldner ein Tun oder ein Unterlassen zu verlangen.

■ Woran erinnert Sie diese Formulierung?

▷ An die Definition des »Anspruchs« in § 194.

Man kann deshalb auch sagen: der Gläubiger eines Schuldverhältnisses hat gegen den Schuldner einen Anspruch auf eine bestimmte Leistung.

Literatur zur Vertiefung (1. Kapitel):

Brox	Allg. SchR, § 1, I–III
Esser/Schmidt	§ 1
Klunzinger	§§ 21, 22
Larenz	Schuldrecht 1 AT, §§ 1–3
Löwisch	Schuldrecht AT, § 1
Medicus	Schuldrecht I AT, §§ 1–6

2. Kapitel: Entstehung (Begründung) von Schuldverhältnissen

Das BGB kennt zwei verschiedene Grundtypen von Schuldverhältnissen:

Schuldverhältnisse werden entweder durch ein Rechtsgeschäft, wobei dies im Regelfall[4] ein Vertrag ist, oder durch das Gesetz begründet.

I. Rechtsgeschäftliche (vertragliche) Schuldverhältnisse

Die vertraglichen Schuldverhältnisse sind die am häufigsten vorkommenden Schuldverhältnisse. Die grundsätzliche Notwendigkeit eines Vertrages als Voraussetzung zur Begründung eines Schuldverhältnisses hängt mit dem Grundsatz der Vertragsfreiheit zusammen, der sogleich noch dargestellt wird, und folgt aus § 305 (lesen!).

Zur Begründung eines Schuldverhältnisses durch Rechtsgeschäft ist danach grundsätzlich ein Vertrag erforderlich, es sei denn, das Gesetz schreibt etwas anderes vor[5].

Gläubiger und Schuldner müssen, wie Sie bereits wissen sollten, durch Angebot (Antrag) und Annahme nach Maßgabe der §§ 145 ff. zusammenwirken, damit ein vertragliches Schuldverhältnis zustande kommt. Ist dies geschehen, entstehen aus diesem Schuldverhältnis, aus dem Vertrag, Ansprüche des Gläubigers gegen den Schuldner: Ansprüche, vom Schuldner als Vertragserfüllung eine Leistung zu fordern. Man nennt den Anspruch des Gläubigers gegen den Schuldner aus einem Schuldverhältnis deshalb »Erfüllungsanspruch«.

Dazu zwei *Beispiele:*

Betrachten wir den Kaufvertrag.

Lesen Sie § 433 Abs. 1 S. 1!

■ Wer ist Gläubiger, wer ist Schuldner?

▷ Gläubiger ist der Käufer, Schuldner der Verkäufer.

4 **Selten wird ein Schuldverhältnis durch ein einseitiges Rechtsgeschäft begründet, wie dies z. B. in § 657 (Auslobung) oder in § 2174 (Vermächtnis) der Fall ist. §§ zur ersten Information schon einmal lesen!**

5 vgl. soeben Fn. 4

■ Warum? Was kann der Käufer aufgrund des Vertrages vom Verkäufer verlangen?

▷ Der Käufer kann vom Verkäufer die Übergabe der Kaufsache und die Verschaffung des Eigentums daran verlangen.

Anders ausgedrückt: Der Käufer hat gegen den Verkäufer gem. § 433 Abs. 1 S. 1 einen Anspruch auf Erfüllung des Kaufvertrages, die darin besteht, daß der Verkäufer ihm die Kaufsache übergeben und ihm das Eigentum daran verschaffen muß.

Lesen Sie nun § 433 Abs. 2!

■ Wer ist Gläubiger und wer Schuldner?

▷ Gläubiger ist jetzt der Verkäufer, und Schuldner ist der Käufer.

■ Warum? Wozu ist der Käufer als Schuldner verpflichtet?

▷ Zur Zahlung des Kaufpreises und zur Abnahme der Kaufsache!

Darauf richtet sich der Erfüllungsanspruch des Verkäufers gegen den Käufer.

1. Gegenseitige Verträge

Je nachdem, welcher Anspruch (aus der Sicht des Gläubigers) bzw. welche Verpflichtung (aus der Sicht des Schuldners) erfüllt werden soll, kann jede Vertragspartei einmal Gläubiger und einmal Schuldner sein. Man nennt solche Verträge mit gegenseitigen Verpflichtungen »gegenseitig verpflichtende« oder einfach »gegenseitige Verträge«.

Typisch für den gegenseitigen Vertrag ist, daß sich ein Vertragspartner dem anderen gegenüber verpflichtet, *weil* und *damit* auch der andere sich ihm gegenüber verpflichtet: Der Verkäufer z. B. verpflichtet sich gem. § 433 Abs. 1 S. 1 nur zur Übergabe der Sache und zur Eigentumsverschaffung, *damit* er den Kaufpreis erhält, und der Käufer verpflichtet sich gem. § 433 Abs. 2 zur Zahlung des Kaufpreises, *damit* er die Kaufsache bzw. das Eigentum daran bekommt!

Verdeutlichen wir uns dieses enge gegenseitige Verhältnis der Verpflichtungen beim gegenseitigen Vertrag, der in einigen Lehrbüchern auch mit dem Fremdwort »Synallagma«[6] bezeichnet wird, an einem weiteren *Beispiel*: Die Rechte und Pflichten der Parteien eines Versicherungsvertrages sind in § 1 VVG[7] festgelegt.

6 vgl. z. B. *Medicus*, BR, § 12 oder *Gernhuber*, BR, § 15; *Duden*, Fremdwörterbuch, S. 759!

7 **VVG – § 1 (Pflichten des Versicherers und des Versicherungsnehmers) »Bei der Schadensversicherung ist der Versicherer verpflichtet, nach dem Eintritt des Versicherungsfalls dem Versicherungsnehmer den dadurch verursachten Schaden nach Maßgabe des Vertrages zu ersetzen. Bei der Lebensversicherung und der Unfallversicherung sowie bei anderen Arten**

Darin wird einmal der Anspruch des Versicherers (als Gläubiger) auf Prämienzahlung durch den Versicherungsnehmer (als Schuldner) begründet. Andererseits hat der Versicherungsnehmer (nun als Gläubiger) gegen den Versicherer (als Schuldner) einen Anspruch: er kann von ihm die Gefahrtragung verlangen, die sich nach Eintritt des Versicherungsfalls regelmäßig in einer Geldzahlung konkretisiert. Der Versicherungsvertrag bringt wie der Kaufvertrag und eine Vielzahl anderer Verträge[8] des Besonderen Schuldrechts gegenseitige Verpflichtungen mit sich.

Schuldverhältnisse enthalten immer Verpflichtungen! Allerdings müssen das nicht jedesmal gegenseitige Verpflichtungen sein; es genügen bekanntlich auch einseitige Verpflichtungen oder zweiseitige Verpflichtungen, die nicht unbedingt »gegenseitig« sind. *Eine* Verpflichtung ist jedenfalls dabei; deswegen enthalten Schuldverhältnisse stets »Verpflichtungsgeschäfte«[9].

2. Unvollkommen zweiseitig verpflichtende Verträge

Solche Verträge haben ebenfalls Verpflichtungen beider Vertragsparteien zum Inhalt, doch stehen diese Verpflichtungen nicht in dem engen Gegenseitigkeitsverhältnis. So ist z. B. Gegenstand des Leihvertrages gem. § 598 (lesen!) zunächst nur die Pflicht des Verleihers zur unentgeltlichen Gebrauchsüberlassung. *(Weiter auf Seite 10!)*

der Personenversicherung ist der Versicherer verpflichtet, nach dem Eintritt des Versicherungsfalls den vereinbarten Betrag an Kapital oder Rente zu zahlen oder die sonst vereinbarte Leistung zu bewirken.
Der Versicherungsnehmer hat die vereinbarte Prämie zu entrichten. Als Prämien im Sinne dieses Gesetzes gelten auch die bei Versicherungsunternehmungen auf Gegenseitigkeit zu entrichtenden Beiträge.«

8 Die meisten Verträge sind übrigens gegenseitige Verträge, wie Sie im zweiten Teil dieses Buches erfahren werden; außer dem Kauf- (§ 433) u. a. auch der Tausch- (§ 515), Miet- (§ 535), Pacht- (§ 581), Dienst- (§ 611) und Werkvertrag (§ 631).

9 ■ Wiederholungsfrage: Welche Geschäfte stehen den Verpflichtungsgeschäften gegenüber?
▷ Die Verfügungsgeschäfte, durch die kein Schuldverhältnis begründet wird; Verfügungsgeschäfte werden vielmehr vorgenommen, um ein Schuldverhältnis zu erfüllen (vgl. Übersicht 21 in Band I dieser »Grundzüge«, S. 153 nochmals lesen!).

Übersicht 1:

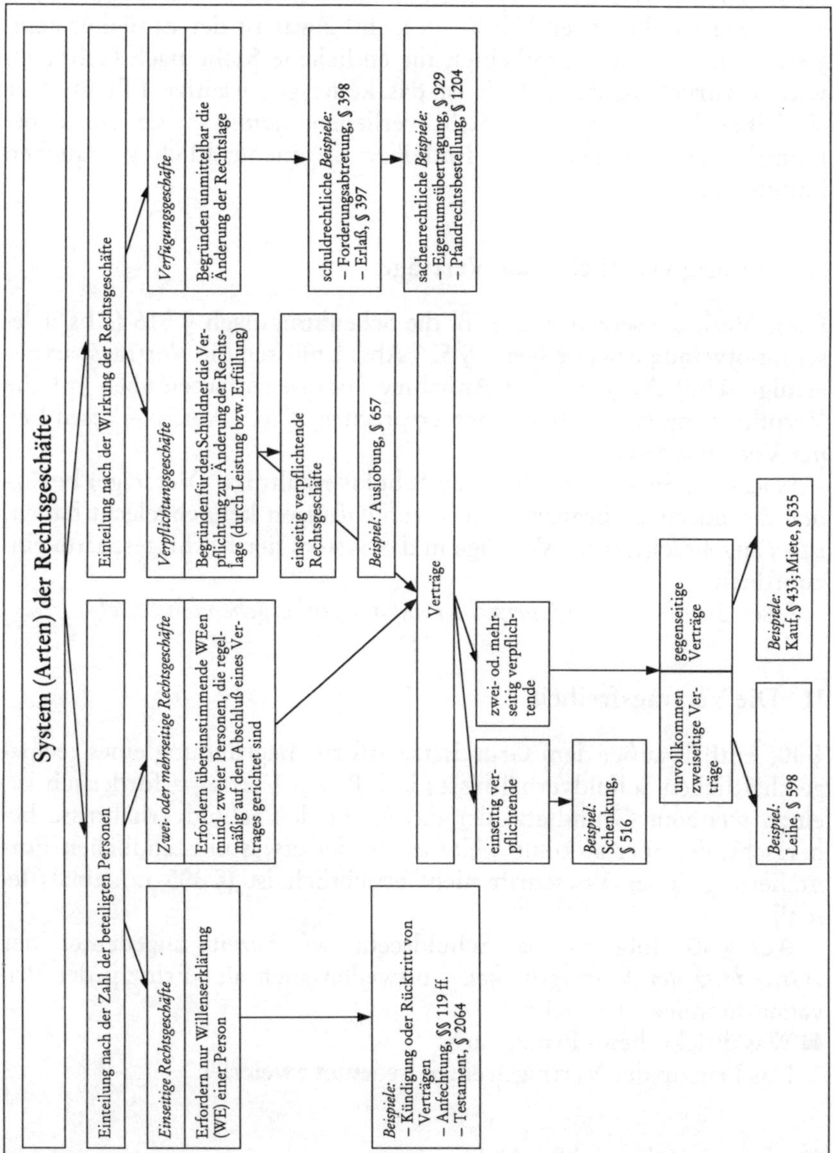
System (Arten) der Rechtsgeschäfte
Einteilung nach der Zahl der beteiligten Personen
Einteilung nach der Wirkung der Rechtsgeschäfte
Einseitige Rechtsgeschäfte
Erfordern nur Willenserklärung (WE) einer Person
Zwei- oder mehrseitige Rechtsgeschäfte
Erfordern übereinstimmende WEen mind. zweier Personen, die regelmäßig auf den Abschluß eines Vertrages gerichtet sind
Verpflichtungsgeschäfte
Begründen für den Schuldner die Verpflichtung zur Änderung der Rechtslage (durch Leistung bzw. Erfüllung)
Verfügungsgeschäfte
Begründen unmittelbar die Änderung der Rechtslage
Beispiele: – Kündigung oder Rücktritt von Verträgen – Anfechtung, §§ 119 ff. – Testament, § 2064
einseitig verpflichtende Rechtsgeschäfte
Beispiel: Auslobung, § 657
schuldrechtliche Beispiele: – Forderungsabtretung, § 398 – Erlaß, § 397
sachenrechtliche Beispiele: – Eigentumsübertragung, § 929 – Pfandrechtsbestellung, § 1204
Verträge
einseitig verpflichtende
zwei- od. mehrseitig verpflichtende
Beispiel: Schenkung, § 516
unvollkommen zweiseitige Verträge
gegenseitige Verträge
Beispiel: Leihe, § 598
Beispiele: Kauf, § 433; Miete, § 535

Eine gegenseitige Verpflichtung des Entleihers (wie sie für den Käufer in § 433 Abs. 2 der Verpflichtung des Verkäufers aus § 433 Abs. 1 gegenübergestellt ist) enthält § 598 nicht! Zwar ist der Entleiher gem. § 604 (Abs. 1 lesen) verpflichtet, die entliehene Sache nach Gebrauch wieder zurückzugeben, doch ist das keine gegenseitige Pflicht: Der Verleiher hatte die Sache nicht verliehen, *damit* er sie zurückbekommt, sondern *damit* der Entleiher sie unentgeltlich gebrauchen konnte ...

3. Einseitig verpflichtende Verträge

Diese Verträge setzen, wie z. B. die Schenkung nach § 516 (Abs. 1 lesen), notwendigerweise (gem. § 516 Abs. 1 müssen die Vertragspartner »einig« sein!) Angebot und Annahme voraus, enthalten aber nur die Verpflichtung (vgl. Schenkungsversprechen, § 518 Abs. 1 – lesen!) *einer* Vertragspartei!

Nachdem Sie die vertraglichen Schuldverhältnisse (Verträge) bezüglich der durch sie begründeten Verpflichtungen kennengelernt haben, ist es angebracht, diese Verträge in das System der Rechtsgeschäfte einzuordnen.

Lesen Sie hierzu nun Übersicht 1 auf der vorhergehenden Seite!

II. Die Vertragsfreiheit

§ 305 enthält außer dem Grundsatz, daß zur Begründung eines rechtsgeschäftlichen Schuldverhältnisses i. d. R. ein Vertrag erforderlich ist, einen weiteren Grundsatz, der das Recht der Schuldverhältnisse beherrscht, der aber so ohne weiteres aus der etwas umständlichen Formulierung dieser Vorschrift nicht ersichtlich ist (§ 305 nochmals lesen!).

Aus § 305 folgt für das Schuldrecht, wie bereits angedeutet, der *»Grundsatz der Vertragsfreiheit«*, bisweilen auch als »Prinzip der Privatautonomie«[10] bezeichnet.

■ Was drückt dieses Prinzip aus?

▷ Das Prinzip der Vertragsfreiheit bedeutet zweierlei:

10 u. a. von *Medicus,* SchR I, § 9 I

Zum einen, daß der Abschluß von Verträgen der freien Bestimmung durch die Parteien unterliegt; zu einem Vertragsschluß kann man nicht gezwungen werden!

Zum anderen, daß die Parteien Art und Inhalt des Vertrages frei gestalten können. Aufgrund ihrer Privatautonomie haben die Parteien sowohl »Abschluß-« als auch »Gestaltungsfreiheit«.

■ Stimmt das mit der Gestaltungsfreiheit auch tatsächlich? Denken Sie an § 433, in dem die Rechte und Pflichten der Vertragparteien festgelegt sind. Widerspricht dies nicht dem Grundsatz der Privatautonomie?

▷ Da die im besonderen Teil des Schuldrechts geregelten Schuldverhältnisse (wie der Kauf, die Miete u. a.) nur typische Beispiele für mögliche Vertragsschlüsse sind, können die Parteien ihre Beziehungen grundsätzlich frei gestalten. Sie können von den gesetzlichen Bestimmungen abweichen (man spricht dann von »atypischen Verträgen«), oder sie können Bestandteile von verschiedenen Vertragstypen kombinieren (»gemischte Verträge« oder »Kombinationsverträge«).

Möglich ist alles, was durch das Gesetz nicht ausdrücklich verboten ist. Die meisten Vorschriften des Schuldrechts sind »abdingbar« (= dispositiv)[11].

Beispiele:

(1) A und B haben einen Darlehensvertrag geschlossen, wonach B das Darlehen nach einem Jahr zurückzahlen soll. Nach einem Jahr stundet A dem B die Schuld für weitere drei Monate, da B, der ein notorischer Spieler ist, gerade einmal wieder »pleite« ist.

Wir wollen uns anhand dieses kurzen Falles wieder in der Handhabung des Gesetzestextes üben. Sehen Sie nach, welche Verträge geschlossen wurden und in welchen Vorschriften darüber Regelungen enthalten sind . . . (Tun Sie das, bevor Sie weiterlesen!)

■ Welcher Vertrag wurde zuerst geschlossen?

▷ Der Darlehensvertrag i. S. v. § 607 Abs.1 (lesen!). Insofern haben A und B sich an den gesetzlich geregelten Vertragstyp gehalten.

■ Wie steht es mit dem Stundungsvertrag? Wo ist dieser geregelt? Wo suchen Sie, wenn Sie nicht wissen, in welcher Vorschrift ein Vertrag geregelt ist?

11 vgl. Exkurs, Bd. I meiner »Grundzüge«, S. 166 f.

▷ Im Index!

■ Taucht dort das Stichwort »Stundungsvertrag« auf?

▷ Es erscheint nur der Begriff »Stundung«! »Stundung einer Darlehensforderung« steht nicht dabei. Ein Stundungsvertrag ist im Schuldrecht des BGB nicht geregelt.

■ Ist deshalb der Stundungsvertrag zwischen A und B unwirksam?

▷ Gem. § 305 gilt im Schuldrecht das Prinzip der Vertragsfreiheit. Somit ist der Vertrag gültig! Nicht für jeden Vertragstyp braucht eine besondere gesetzliche Beschreibung vorzuliegen.

(2) A verkauft an B einen Gebrauchtwagen, den B auf einer Probefahrt inspiziert hat. Der Wagen wird »gekauft wie besichtigt«; wegen etwaiger Mängel übernimmt A »keine Gewähr«.

■ Ist dieser Haftungsausschluß zulässig?

▷ Nach dem Grundsatz der Vertragsfreiheit des § 305 jedenfalls ja; es sei denn, daß das Gesetz etwas anderes vorschreibt. Erlaubt ist, wie bereits festgestellt wurde, alles, was nicht ausdrücklich verboten ist.

■ Erinnern Sie sich noch an zwei Vorschriften aus dem Allgemeinen Teil des BGB, die den Abschluß von bestimmten Rechtsgeschäften verbieten?

▷ Rechtsgeschäfte, die gegen ein gesetzliches Verbot oder gegen die guten Sitten verstoßen (vgl. §§ 134 und 138 – lesen!) sind nichtig!

Solche Vorschriften sind *nicht* abdingbar (dispositiv), sondern zwingendes Recht! Zwingendes Recht sind z.B. alle gesetzlichen Formvorschriften.

Ein Verstoß gegen diese Vorschriften liegt mit dem Haftungsausschluß nicht vor. Möglicherweise kommt ein Verstoß gegen andere Vorschriften des BGB in Betracht.

■ Unter welchem Stichwort würden Sie nachsehen (falls Sie sich nicht an diese Vorschriften erinnern[11]!)?

▷ Z. B. »Haftungsausschluß« oder »Haftung«. Unter »Haftung« finden Sie recht viel, z. B. auch »Haftung des Verkäufers = 1 459«. Die fettgedruckte »1« bedeutet bekanntlich, daß hierüber etwas in Gesetz Nr. 1, also dem BGB, zu finden ist, und die magergedruckte »459« bedeutet, daß in diesem Gesetz unter § 459 über die Haftung des Verkäufers etwas geregelt ist. (§ 459 Abs. 1 lesen!)

(An dieser Stelle übrigens ein Tip, den ich Ihnen nicht oft genug geben kann: Es ist zweckmäßig, wenn Sie sich bei jedem Paragraphen, der neu für Sie ist, ein Zeichen machen bzw. die Zahl der Bestimmung unterstreichen. Wenn Sie später etwas im Gesetz suchen, springen Ihnen die immer wiederkehrenden Paragraphen ins Auge, und Sie verschwenden keine Zeit mit dem Durchlesen seltener Vorschriften, die in Ihrer Ausbildung so gut wie nie vorkommen.)

§ 459 wird Ihnen noch öfter begegnen. Die Sachmängelhaftung werden wir im »Besonderen Schuldrecht« ausführlich behandeln.
Jetzt wollen wir uns damit begnügen, festzustellen, ob A trotz der Formulierung von § 459 Abs. 1 die Haftung ausschließen durfte.

■ Was meinen Sie?

▷ Da keine Vorschrift ersichtlich ist, die bestimmt, daß von § 459 abweichende Vereinbarungen verboten sind, ist der Haftungsausschluß aufgrund der Vertragsfreiheit des § 305 zulässig. (Die Zulässigkeit des Haftungsausschlusses folgt auch aus § 476 – nochmals lesen!)

Vertragsfreiheit bedeutet, wie gesagt, sowohl Abschlußfreiheit als auch Gestaltungsfreiheit.

(3) Adelheid (A) und Balduin (B) errichten einen »Ehevertrag«, in den sie u. a. folgende Vereinbarung aufnehmen: »Wir wollen eine Josefsehe führen, Intimverkehr findet keiner statt.« Eines Tages überkommen A aber dennoch Lustgefühle. B will jedoch seine Ruhe haben; er will nicht! Frage: Muß er, oder kann er auf Einhaltung des Ehevertrages pochen? (»Pacta sunt servanda«*)[12]

Die Antwort steht im Familienrecht, und zwar in § 1353 Abs. 1 (lesen!).

Maßgeblich ist der zweite Satz, in dem von der Verpflichtung zur ehelichen Lebensgemeinschaft die Rede ist. Zur ehelichen Lebensgemeinschaft gehören seit alters her Tisch *und* Bett. Die Frage ist, ob man diese Bestimmung durch eine vertragliche Vereinbarung ausgestalten bzw. abändern kann.

■ Wenn Sie sich an das erinnern, was wir über den Aufbau und den Geltungsbereich der verschiedenen Bücher des BGB gelernt haben, müßten Sie die Frage selbst beantworten können.
Was meinen Sie? (Überlegen Sie!)

▷ Die Antwort folgt zwingend aus System und Aufbau des BGB: Wir hatten festgestellt, daß alle Vorschriften des Allgemeinen Teils des BGB auch für das zweite bis fünfte Buch gelten, und wir hatten außerdem festgestellt, daß die Vorschriften des *Allgemeinen Schuld-*

* lat. = »Verträge sind zu halten«; vgl. auch unten, S. 116, Fn. 122

12 Beispiel nach *Schwind/Hassenpflug/Nawratil,* Fall 5 (S. 14 – mit Erläuterungen)

rechts für alle *besonderen* Schuldverhältnisse gelten. Schließlich hatten wir festgestellt, daß die Vorschriften der Bücher zwei bis fünf immer nur im Rahmen *des* Buches gelten, in dem sie stehen.

■ In welchem Buch steht § 305, aus dem der Grundsatz der Vertragsfreiheit hergeleitet wird?

▷ Im zweiten Buch, im Schuldrecht!

Der Grundsatz der Vertragsfreiheit gilt deshalb so *nur* im Schuldrecht. Andernfalls hätte der Gesetzgeber eine entsprechende Vorschrift in den Allgemeinen Teil, in das erste Buch des BGB, aufgenommen.

Im Familienrecht gilt das Prinzip der (schuldrechtlichen) Vertragsfreiheit nicht. Es gilt vielmehr der Grundsatz, daß alle Verträge verboten sind, die der Gesetzgeber im vierten Buch des BGB nicht ausdrücklich vorgesehen hat.

§ 1353 ist, im Gegensatz zu § 459 z. B., nicht abdingbar (dispositiv), sondern *zwingend!*

■ Wie lautet die Antwort auf unsere Fallfrage? Muß unser Ehepartner B »Lust« haben?

▷ Er muß! Jeder Ehepartner hat einen Anspruch auf Vollzug der ehelichen Gemeinschaft! Auf einem anderen Blatt steht natürlich die Frage, wie er diesen Anspruch durchsetzen kann . . .

■ Wie setzt man normalerweise zivilrechtliche Ansprüche durch?

▷ Man geht zum Gericht, wenn der Vertragspartner die Erfüllung eines Anspruchs verweigert; d. h., man klagt seinen Anspruch ein, und das Gericht ordnet seine Erfüllung zwingend an. Das könnte in diesem Fall den Richter bzw. den Gerichtsvollzieher bei »Durchführung der Zwangsvollstreckung« durchaus in Verlegenheit bringen . . . (nach § 888 Abs. 2 ZPO darf die Zwangsvollstreckung nicht nur, sondern sie muß unterbleiben!).

III. Allgemeine Geschäftsbedingungen

1. Begriff und Bedeutung

Aufgrund der schuldrechtlichen Vertragsfreiheit ist es möglich, Verträge zu schließen, die das Gesetz nicht ausdrücklich vorsieht, und es ist auch möglich, einem Vertragsschluß verschiedene Nebenabreden (Vereinbarungen) hinzuzufügen. Jeder Vertragspartner kann »Bedingungen«[13] stellen, die Vertragsbestandteil werden, wenn der andere Vertragspartner sich damit einverstanden erklärt. Derartige »Individualvereinbarungen« sind grundsätzlich wirksam, sofern sie nicht gem. § 134 gegen ein gesetzliches Verbot oder gem. § 138 gegen die guten Sitten[14] verstoßen.

Häufig kommt es vor, daß ein Vertragspartner seine Kunden mit vorgedruckten Vertragsformularen oder »Allgemeinen Geschäftsbedingungen« (»AGB«) konfrontiert, die nicht individuell ausgehandelt werden, sondern für alle Vertragspartner des Verwenders von Formularverträgen bzw. von AGB gleichermaßen gelten.

Wenn beide Vertragsparteien ihre Verpflichtungen erfüllen, erzeugt die Verwendung von »AGB« keine rechtlichen Probleme. Dann kommt es auf das »Kleingedruckte« regelmäßig nicht an. Kommt es indessen zu Streitigkeiten, besteht die Gefahr, daß der Kunde, der sich den AGB seines Vertragspartners ausgesetzt sieht, unangemessen benachteiligt wird. Dieser Benachteiligung hat die Rechtsprechung, namentlich des BGH, entgegengewirkt, indem sie die Geltung von AGB zum Teil einschränkte, sog. »Überraschungsklauseln« nicht zum Vertragsbestandteil werden ließ und vor allem die AGB einer recht strengen »Inhaltskontrolle« unterzog. Ursprünglich war es Sinn der AGB, das dispositive[15] Gesetzesrecht durch Regelungen zu ersetzen, die den Bedürfnissen desjenigen, der sich ihrer bediente, besser entsprachen. Häufig wurden AGB aber zu rücksichtsloser einseitiger Interessenverfolgung mißbraucht[16]: Sie enthielten nicht unbedingt nur eine rationalisierende und zweckmäßigere Regelung als das Gesetz, was eigentlich ihr legitimer Sinn sein sollte, sondern sie stellten im Interesse ihres Verwenders die wohlerwogene Lastenverteilung des Gesetzgebers auf den Kopf.

Die Rechtsprechung hat systematisch das Ziel verfolgt, die Stellung des Vertragspartners zu verbessern, dem bei Vertragsschluß vorformu-

13 **Wobei dieser Begriff dem allgemeinen Sprachgebrauch entspricht und nicht mit den »Bedingungen« i. S. v. § 158 verwechselt werden darf.**

14 vgl. Bd. I *meiner »Grundzüge«*, S. 166 f.

15 ebenda

16 vgl. *Medicus,* BR, Rdnr. 67

lierte AGB vorgelegt werden, da man nicht gewährleistet sah, daß die vom BGB (§ 305!) grundsätzlich gewährte Vertragsfreiheit noch zu einem angemessenen Interessenausgleich führt.

Der Interessenausgleich wird dadurch gestört, daß die Verwendung von AGB von dem üblichen Vertragsantrag im Sinne von § 145 BGB abweicht. Der Verwender von AGB, der typischerweise standartisierte Waren und Leistungen anbietet, strebt durch die Aufstellung oder Übernahme und gleichförmige Anwendung von AGB eine Rationalisierung seiner Geschäftsabwicklung an.

AGB betreffen eine Vielzahl von Geschäften und beziehen alle Eventualitäten der Vertragsabwicklung und deren Störungen ein. Dies führt regelmäßig zu einem unübersichtlichen Klauselwerk, dessen Bedeutung dem Vertragspartner, wenn überhaupt, nur nach sorgfältiger Lektüre klar werden kann. Dadurch wird es dem Verwender von AGB ermöglicht, den Rationalisierungszweck mit einer Machtverstärkung zu verbinden. Hinzu kommt, daß in vielen Branchen[17] von *allen* Anbietern AGB vorgelegt werden.

Selbst wenn diese AGB nicht gleichförmig bzw. brancheneinheitlich sein sollten, ist dem Vertragspartner ein Vergleich in der Regel nicht möglich, weil er dafür unangemessene Mühe oder Kosten aufwenden müßte. Schlimmstenfalls befindet sich der Kunde gegenüber dem gesamten für ihn erreichbaren Leistungsangebot in der Position des sogenannten »take it or leave it«[18]. Diese Lage, die die Einführung von AGB als »selbstgeschaffenes Recht der Wirtschaft«[19] produziert, wenn nicht gar provoziert hat, wich so sehr von den vorausgesetzten Umständen einer freien vertraglichen Vereinbarung ab, daß man vielfach von einer »Unterwerfung unter eine fertig bereitliegende Rechtsordnung« des Verwenders von AGB gesprochen hat[20].

17 *So vor allem im Banksektor und Versicherungswesen; insbesondere letzteres überschüttet uns mit einer Flut von AGB, wie z. B. AVB, AHB, ABU, ABV, AFB, AKB, AVK, AEB u.s.w. . . .*

18 *Frei übersetzt: »Entweder Du schließt den Vertrag zu meinen Bedingungen, oder gar nicht«.*

19 So bereits 1933 *Großmann-Doerth*

20 Darstellung der Problematik weitgehend wörtlich nach *Beuthien/Hadding*, § 242 Anh. vor § 1 AGBG Anm. 1; ähnlich *Jauernig* § 9 AGBG, Anm. 1

Diesem Mißstand wurde mit dem »Gesetz zur Regelung der Allgemeinen Geschäftsbedingungen« (AGBG) vom 9. 12. 1976[21] abgeholfen, das am 1. 4. 1977 in Kraft trat (– dtv – Textausgabe BGB, Nr. 4).

2. Die wichtigsten Regelungen des AGB-Gesetzes

AGB-Klauseln dienen häufig dazu, die Rechte des Vertragspartners ihres Verwenders einzuschränken oder ganz auszuschließen. Im AGB-Gesetz sind eine Reihe von Vorschriften enthalten, die es ermöglichen, AGB-Klauseln einer strengen Kontrolle zu unterwerfen. Bevor wir uns die systematische Anwendung des AGB-Gesetzes sogleich an einem Fallbeispiel verdeutlichen, müssen wir schon einen Blick ins »Besondere Schuldrecht« werfen; denn durch AGB-Klauseln sollen meist Rechte, die bei den besonderen Vertragstypen angesiedelt sind, ausgeschlossen werden. So stellt das Kaufrecht bekanntlich[22] in den §§ 459 ff. (jetzt nicht lesen) für den Käufer bestimmte Gewährleistungsansprüche, »Wandelung und Minderung« (§ 462) sowie »Schadensersatz wegen Nichterfüllung« (§ 463) zur Verfügung. Lesen Sie nun § 462 und § 459 Abs. 1! Daraus ergibt sich, daß der Verkäufer grundsätzlich für einen »Fehler« oder »Mangel« (das Gesetz verwendet diese Begriffe identisch) »haften« muß: Der Käufer kann sich durch die »Wandelung« ganz vom Kaufvertrag lösen bzw. durch die »Minderung« den Kaufpreis herabsetzen. Allerdings handelt es sich bei den §§ 459 ff., wie Sie wissen sollten[23], um dispositives Recht, d. h., die Haftung kann durch vertragliche Vereinbarung grundsätzlich[24] ausgeschlossen werden. Von dieser Möglichkeit machen Verkäufer, die AGB verwenden, regelmäßig Gebrauch.

Sofern die Rechte des Käufers, der sich den AGB unterworfen hat, zu stark eingeschränkt oder ihm gar gänzlich genommen werden, gewährt das AGB-Gesetz Schutz:

21 BGBl. I S. 3317
22 vgl. Bd. I *meiner »Grundzüge«*, S. 166 f.
23 a. a. O.
24 **Ausnahme: vgl. § 476 (lesen!)**

Übungsfall 1	
Karl Kühl (K) kauft sich im Möbelgeschäft der Volker Voss (V) GmbH die Imitation eines antiken Schreibtisches für 4 500,– DM. In den AGB der V, die K gelesen und unterschrieben hat, heißt es unter Ziffer 3: »Bei Mangelhaftigkeit der Kaufsache steht dem Käufer nur ein Recht auf Nachbesserung[25] zu.« Als der Schreibtisch geliefert wird, muß K feststellen, daß sämtliche Schubladen klemmen. Aufgrund seines Nachbesserungsrechts läßt er den Schreibtisch sofort wieder mitnehmen, damit der Mangel beseitigt wird. Als der »reparierte« Schreibtisch wiedergebracht wird, klemmen immer noch fünf von sechs Schubladen. Als K das moniert, wird ihm von den Leuten der V mitgeteilt, damit müsse er sich abfinden ... K ist »sauer«, erklärt die Wandelung und verlangt den Kaufpreis zurück. V weigert sich unter Berufung auf Ziff. 3 ihrer AGB. Wer hat recht?[26]	

Für eine klausurmäßige Prüfung müßten Sie das Gewährleistungsrecht schon etwas genauer kennen. So weit werden Sie indessen erst nach fortgeschrittener Lektüre dieses Buches sein. Dann würden Sie das Vorliegen aller Voraussetzungen für die »Wandelung« durch K bis zu dem Punkt bejahen, daß K den Kaufvertrag rückgängig machen kann, sofern die Wandelung nicht durch vertragliche Vereinbarung oder durch Gesetz ausgeschlossen ist.

Hier könnte ein vertraglicher Ausschluß durch Ziff. 3 der AGB der V in Betracht kommen!

Da diese Regelung für eine Vielzahl von Fällen vorformuliert ist und einseitig von V gestellt wurde, handelt es sich um eine allgemeine Geschäftsbedingung, deren Wirksamkeit nach dem AGB-Gesetz zu überprüfen ist.

Die Anwendbarkeit des AGB-Gesetzes ergibt sich aus dessen § 1, in dem wir die Begriffsbestimmung von AGB finden (Vorschrift lesen!).

a) Allgemeine Voraussetzungen für die Überprüfung und Wirksamkeit von AGB nach dem AGB-Gesetz

aa) Anwendbarkeit des AGB-Gesetzes

Vertragsbedingungen können (natürlich) nur dann nach dem AGBG beurteilt werden, wenn es sich um echte AGB – i. S. v. § 1 AGBG (nochmals lesen!) – handelt, wobei ggf. § 7 AGBG (Umgehungsverbot – lesen!) zu beachten ist. Außerdem darf die Anwendbarkeit des AGBG nicht durch dessen §§ 23 oder 24 (lesen!) ausgeschlossen sein.

25 das im Gewährleistungsrecht der §§ 459 ff. nicht vorgesehen ist [ist es aber vertraglich vereinbart, gilt § 476 a]

26 In Anlehnung an *Alpmann und Schmidt*, SchR BT 1, S. 47; vgl. auch *Brox*, Allg. SchR, Rdnr. 48

bb) AGB als »Vertragsbestandteil«

Ob AGB Bestandteil des jeweiligen Vertrages geworden sind, richtet sich nach den §§ 2–4 AGBG (lesen!).

■ Ist § 2 AGBG in unserem Übungsfall erfüllt?

▷ K hat den vorformulierten Vertrag gelesen und unterschrieben. Die AGB von V sind Vertragsbestandteil geworden, falls nicht die §§ 3 (»Überraschungsklausel«) oder 4 (»Individualvereinbarung«) entgegenstehen. Beide Vorschriften greifen nicht ein.

cc) Unklarheitenregel (§ 5 AGBG)

Die AGB müssen klar verständlich sein. Unklarheiten gehen zu Lasten des Verwenders: § 5 AGBG (lesen!).

In Fall 1 gibt es keinen Grund, die Verständlichkeit von Ziff. 3 der AGB der V in Frage zu stellen (wenngleich K sich sicherlich nicht über die von V beabsichtigten Folgen dieser Klausel im klaren war).

b) Inhaltskontrolle von AGB-Klauseln

aa) Schranken der Inhaltskontrolle

Die Inhaltskontrolle von AGB nach den §§ 8–11 AGBG (durch die Gerichte) soll der Überprüfung »vertraglicher rechtlicher« Regelungen[27] dienen. Daraus ergeben sich zwei Einschränkungen, die im Wortlaut von § 8 AGBG (lesen!) nur ungenau zum Ausdruck kommen:

(1) Von einer »vertraglichen« Regelung kann man nicht sprechen, wenn AGB lediglich den Gesetzestext, ggf. nur sinngemäß, wiederholen. Die §§ 9–11 AGBG gelten in diesem Fall nicht, da sie nicht dazu dienen sollen, den Inhalt von Gesetzesvorschriften zu überprüfen[28]!

(2) Eine »rechtliche« Regelung liegt nicht vor, wenn die AGB die jeweiligen Vertragsleistungen nur tatsächlich beschreiben[29].

Sog. »Leistungsbeschreibungen«, die Art, Umfang und Güte der geschuldeten Leistung festlegen, aber die für die Leistung selbst gelten-

27 vgl. *Jauernig*, § 8 AGBG, Anm. 1 a)
28 a. a. O.
29 ebenda, Anm. 1 b)

den gesetzlichen Vorschriften unberührt lassen, sind ebenfalls der Inhaltskontrolle entzogen[30].

Beispiele sind Baubeschreibungen, Kataloge, Prospekte u. ä.[31].

Die Kontrolle von AGB nach den §§ 9–11 AGBG ist nur angebracht und möglich, soweit durch AGB-Klauseln dispositives Recht ausgeschlossen, geändert oder ergänzt werden soll.

■ Ist nach alledem in Übungsfall 1 die Inhaltskontrolle der AGB-Klausel Ziff. 3 von V möglich? (Überlegen Sie selbst, bevor Sie weiterlesen und versuchen Sie, Ihre Antwort kurz zu begründen).

▷ Da durch Ziff. 3 der AGB von V die gesetzlichen Gewährleistungsrechte ausgeschlossen werden, indem dem Käufer lediglich ein Nachbesserungsrecht eingeräumt wird, ist die Inhaltskontrolle möglich, so daß wir prüfen können, ob diese Klausel gegen die §§ 9–11 AGBG verstößt.

Sinnvollerweise prüft man in der Reihenfolge § 11, § 10, § 9 AGBG, da § 11 AGBG die speziellste und § 9 AGBG die allgemeinste dieser Vorschriften ist.

bb) Klauselverbote ohne Wertungsmöglichkeit (§ 11 AGBG)

Lesen Sie § 11 AGBG! § 11 AGBG enthält eine Vielzahl von Beispielen für AGB-Klauseln, die unwirksam sind, ohne daß eine Prüfung bzw. eine »Wertung« erfolgen muß, ob die Klausel im Einzelfall noch angemessen ist.

■ Beim Lesen dieser Vorschrift haben Sie sicher die Ziffer und den Buchstaben gefunden, die auf unseren Übungsfall anwendbar sind? (Falls nicht, überfliegen Sie die Zifferüberschriften in § 11 AGBG noch einmal!)

30 *Hinweis für »Versicherungs-Betriebswirt/e/innen«: Bei Risikobeschreibungen in AVB ist zu differenzieren und die Abgrenzung bisweilen schwierig. Ohne zu sehr ins Detail zu gehen, läßt sich aus der BGH-Rechtsprechung dazu folgende »Faustregel« herleiten:*
(1) AVB unterliegen der richterlichen Inhaltskontrolle nicht, soweit sie die Art des versicherten Risikos bestimmen.
(2) Sie sind dagegen kontrollfähig, soweit sie Risikoausschlüsse oder Risikobeschränkungen vorsehen, die mit dem Vertragszweck oder der berechtigten Erwartung der Kunden unvereinbar sind [vgl. Palandt/Heinrichs, § 8 AGBG, Rdnr. 2 m. w. N.]

31 vgl. *Palandt/Heinrichs,* a. a. O. mit weiteren Beispielen

▷ Da es sich bei Ziff. 3 der AGB von V um einen Gewährleistungsausschluß handelt, ist § 11 Ziff. 10 AGBG zu prüfen, und zwar Buchstabe b) (lesen!).

■ Überlegen Sie, ob die AGB-Klausel der V nach dieser Vorschrift wirksam ist oder nicht!

▷ Da dem K nicht ausdrücklich das Recht eingeräumt worden ist, bei Fehlschlagen der Nachbesserung nach seiner Wahl Wandelung oder Minderung zu verlangen, ist Ziff. 3 der AGB von V unwirksam!

Rechtsfolge ist, daß anstelle der unwirksamen AGB-Klausel die gesetzliche Regelung eingreift, so daß K gem. § 462 Wandelung oder Minderung verlangen kann. Dies ergibt sich aus § 6 Abs. 2 AGBG (§ 6 ganz lesen!). Damit ist Fall 1 gelöst. In anderen Fällen wäre die Prüfung wie folgt fortzusetzen:

cc) Klauselverbote mit Wertungsmöglichkeit (§ 10 AGBG)

Lesen Sie vorab § 10 AGBG! Für die Verbote in § 10 AGBG ist charakteristisch, daß sie »unbestimmte Rechtsbegriffe« enthalten; z. B. ist in Ziff. 1 und 2 von »unangemessen langen« Fristen die Rede. Unbestimmte Rechtsbegriffe sind inhaltlich nicht durch einen fest umschriebenen Sachverhalt erfüllt, sondern bedürfen bei der Rechtsanwendung auf einen konkreten Fall einer gesonderten Fixierung[32], die insbesondere in einer Wertausfüllung bestehen kann. Auf eine entsprechende AGB-Klausel bezogen bedeutet das, daß die Feststellung ihrer Unwirksamkeit einer richterlichen Wertung bedarf[33]. Ob eine Nachfrist i. S. v. § 10 Ziff. 2 AGBG noch »angemessen« oder »unangemessen lang« ist, richtet sich nach dem einzelnen Vertrag. Aus diesem Grunde gibt das AGB-Gesetz für die Länge einer Nachfrist keinen festen Zeitraum an. Der Richter muß unter Berücksichtigung der Umstände des Einzelfalles nach seiner Überzeugung entscheiden. Der BGH[34] hat z. B. eine Klausel in den AGB des Möbelhandels, die die Überschreitung der Lieferzeit um bis zu drei Monate gestattete, als unwirksam i. S. v. § 10 Ziff. 2 AGBG erklärt.

32 vgl. *Creifelds,* S. 1185
33 *Palandt/Heinrichs,* § 10 ABGB, Rdnr. 1
34 Urt. v. 26. 1. 1983 – VIII ZR 342/81 –

dd) Generalklausel (§ 9 AGBG)

Sofern eine AGB-Klausel nicht schon nach §§ 11 oder 10 AGBG unwirksam ist, kann sich die Unwirksamkeit aus der generellen Vorschrift des § 9 AGBG ergeben (lesen!).

§ 9 Abs. 1 AGBG legt den grundlegenden Wertmaßstab für die richterliche Inhaltskontrolle von AGB fest[35] mit dem Ziel, daß niemand durch das »Kleingedruckte« unangemessen benachteiligt werden darf. Eine den Kunden unangemessen benachteiligende Klausel, auch wenn sie nicht unter § 11 oder § 10 AGBG fällt, ist unwirksam. Für alle Verstöße von AGB-Klauseln gegen die §§ 9–11 AGBG gilt nach ständiger Rechtsprechung und h. M.[36], daß ein teilweiser Verstoß einer Klausel gegen eine dieser Vorschriften die ganze Klausel unwirksam macht[37].

Die praktische (und auch »klausurrelevante«) Anwendung des AGBG, namentlich seines § 9, verdeutlicht Übungsfall 2.

Bevor wir diesen Fall lesen und lösen, wollen wir das, was wir über die AGB gelernt haben, in ein Prüfungsschema einordnen, das wir in den Vorüberlegungen[38] zu einer Klausur anwenden können (= Übersicht 2).

35 *Palandt/Heinrichs*, § 9 AGBG, Rdnr. 1

36 vgl. a. a. O., Rdnr. 9 vor § 8 AGBG

37 *Einige praktische Beispiele für die Unzulässigkeit typischer AGB-Klauseln finden Sie in der vom »Bundesministerium der Justiz, Referat für Öffentlichkeitsarbeit, Postfach 20 06 50, 53 175 Bonn« herausgegebenen Broschüre »Mehr Schutz vor den Tücken des Kleingedruckten«, die Sie dort gratis beziehen können.*

38 vgl. dazu Band I *meiner* »Grundzüge«, S. 113 ff. sowie *meine* »Anleitung . . .«, S. 2 f.

Übersicht 2:

Geltung und Überprüfung von Allgemeinen Geschäftsbedingungen nach dem AGB-Gesetz

(Prüfungsschema) *

I. Anwendbarkeit des AGB-Gesetzes
1. AGB i. S. v. § 1 (evtl. § 7)
2. Kein Ausschluß der Anwendbarkeit nach §§ 23, 24

II. AGB müssen Vertragsbestandteil geworden sein
1. Einbeziehung in den Vertrag nach § 2
2. Keine überraschende Klausel nach § 3
3. Kein Vorrang einer Individualvereinbarung, § 4

III. Eindeutigkeit der AGB – § 5
(Unklarheiten gehen zu Lasten des AGB-Verwenders)

IV. Keine Unwirksamkeit von AGB-Klauseln nach §§ 8–11
1. Voraussetzung für *Inhaltskontrolle:*
   Abänderung oder Ergänzung dispositiven Rechts durch AGB – § 8
2. Verstoß der AGB-Klausel gegen §§ 9, 10 oder 11?
   a) § 11 – Dort erwähnte Klauseln sind unwirksam, ohne daß Angemessenheitsprüfung im Einzelfall (»ohne Wertungsmöglichkeit«) erfolgt.
   b) § 10 – Angemessenheit der Klausel ist im Einzelfall ausnahmsweise wertend zu prüfen.
   c) § 9 – »Generalklausel« – Falls AGB-Klausel nicht nach §§ 11 oder 10 unwirksam, ist Klausel nach § 9 unwirksam, wenn sie Vertragspartner gegen Treu und Glauben unangemessen benachteiligt.

§§ ohne Bezeichnung auf dieser Übersicht sind §§ des »Gesetz(es) zur Regelung des Rechts der Allgemeinen Geschäftsbedingungen (AGB-Gesetz)« vom 9. 12. 1976 (= dtv-Textausgabe »BGB«, Nr. 4).

Im Anschluß an diese Übersicht finden Sie einen Auszug aus den AGB der Deutschen Bank AG (Stand: Jan. 1993)

* In Anlehnung an *Alpmann und Schmidt*, SchR BT 1, S. 46

Übersicht 3:

Auszug aus AGB einer Bank

Grundregeln für die Beziehung zwischen Kunde und Bank

1. Geltungsbereich und Änderungen dieser Geschäftsbedingungen und der Sonderbedingungen für einzelne Geschäftsbeziehungen

(1) Geltungsbereich

Die Allgemeinen Geschäftsbedingungen gelten für die gesamte Geschäftsverbindung zwischen dem Kunden und den inländischen Geschäftsstellen der Bank. Daneben gelten für einzelne Geschäftsbeziehungen (zum Beispiel für das Wertpapiergeschäft, für den ec-Service, für den Scheckverkehr, für den Sparverkehr) Sonderbedingungen, die Abweichungen oder Ergänzungen zu diesen Allgemeinen Geschäftsbedingungen enthalten; sie werden bei der Kontoeröffnung oder bei Erteilung eines Auftrags mit dem Kunden vereinbart. Unterhält der Kunde auch Geschäftsverbindungen zu ausländischen Geschäftsstellen, sichert das Pfandrecht der Bank (Nr. 14 dieser Geschäftsbedingungen) auch die Ansprüche dieser ausländischen Geschäftsstellen.

(2) Änderungen

Änderungen dieser Geschäftsbedingungen und der Sonderbedingungen werden dem Kunden schriftlich bekanntgegeben. Sie gelten als genehmigt, wenn der Kunde nicht schriftlich Widerspruch erhebt. Auf diese Folge wird ihn die Bank bei der Bekanntgabe besonders hinweisen. Der Kunde muß den Widerspruch innerhalb eines Monats nach Bekanntgabe der Änderungen an die Bank absenden.

2. Bankgeheimnis und Bankauskunft

(1) Bankgeheimnis

Die Bank ist zur Verschwiegenheit über alle kundenbezogenen Tatsachen und Wertungen verpflichtet, von denen sie Kenntnis erlangt (Bankgeheimnis). Informationen über den Kunden darf die Bank nur weitergeben, wenn gesetzliche Bestimmungen dies gebieten oder der Kunde eingewilligt hat oder die Bank zur Erteilung einer Bankauskunft befugt ist.

(2) Bankauskunft

Ein Bankauskunft enthält allgemein gehaltene Feststellungen und Bemerkungen über die wirtschaftlichen Verhältnisse des Kunden, seine Kreditwürdigkeit und Zahlungsfähigkeit; betragsmäßige Angaben über Kontostände, Sparguthaben, Depot- oder sonstige der Bank anvertraute Vermögenswerte sowie Angaben über die Höhe von Kreditinanspruchnahmen werden nicht gemacht.

Übersicht 3 (Fortsetzung)

(3) Voraussetzungen für die Erteilung einer Bankauskunft

Die Bank ist befugt, über juristische Personen und im Handelsregister eingetragene Kaufleute Bankauskünfte zu erteilen, sofern sich die Anfrage auf ihre geschäftliche Tätigkeit bezieht. Die Bank erteilt jedoch keine Auskünfte, wenn ihr eine anderslautende Weisung des Kunden vorliegt. Bankauskünfte über andere Personen, insbesondere über Privatkunden und Vereinigungen, erteilt die Bank nur dann, wenn diese generell oder im Einzelfall ausdrücklich zugestimmt haben. Eine Bankauskunft wird nur erteilt, wenn der Anfragende ein berechtigtes Interesse an der gewünschten Auskunft glaubhaft dargelegt hat und kein Grund zu der Annahme besteht, daß schutzwürdige Belange des Kunden der Auskunftserteilung entgegenstehen.

(4) Empfänger von Bankauskünften

Bankauskünfte erteilt die Bank nur eigenen Kunden sowie anderen Kreditinstituten für deren Zwecke oder die ihrer Kunden.

3. Haftung der Bank; Mitverschulden des Kunden

(1) Haftungsgrundsätze

Die Bank haftet bei der Erfüllung ihrer Verpflichtungen für jedes Verschulden ihrer Mitarbeiter und der Personen, die sie zur Erfüllung ihrer Verpflichtungen hinzuzieht. Soweit die Sonderbedingungen für einzelne Geschäftsbeziehungen oder sonstige Vereinbarungen etwas Abweichendes regeln, gehen diese Regelungen vor. Hat der Kunde durch ein schuldhaftes Verhalten (zum Beispiel durch Verletzung der in Nr. 11 dieser Geschäftsbedingungen aufgeführten Mitwirkungspflichten) zu der Entstehung eines Schadens beigetragen, bestimmt sich nach den Grundsätzen des Mitverschuldens, in welchem Umfang Bank und Kunde den Schaden zu tragen haben.

(2) Weitergeleitete Aufträge

Wenn ein Auftrag seinem Inhalt nach typischerweise in der Form ausgeführt wird, daß die Bank einen Dritten mit der weiteren Erledigung betraut, erfüllt die Bank den Auftrag dadurch, daß sie ihn im eigenen Namen an den Dritten weiterleitet (weitergeleiteter Auftrag). Dies betrifft zum Beispiel die Einholung von Bankauskünften bei anderen Kreditinstituten oder die Verwahrung und Verwaltung von Wertpapieren im Ausland. In diesen Fällen beschränkt sich die Haftung der Bank auf die sorgfältige Auswahl und Unterweisung des Dritten.

(3) Störung des Betriebs

Die Bank haftet nicht für Schäden, die durch höhere Gewalt, Aufruhr, Kriegs- und Naturereignisse oder durch sonstige von ihr nicht zu vertretende Vorkommnisse (zum Beispiel Streik, Aussperrung, Verkehrsstörung, Verfügungen von hoher Hand im In- oder Ausland) eintreten.

Übersicht 3 (Fortsetzung)

4. Grenzen der Aufrechnungsbefugnis des Kunden

Der Kunde kann gegen Forderungen der Bank nur aufrechnen, wenn seine Forderungen unbestritten oder rechtskräftig festgestellt sind.*

5. Verfügungsberechtigung nach dem Tod des Kunden

Nach dem Tod des Kunden kann die Bank zur Klärung der Verfügungsberechtigung die Vorlegung eines Erbscheins, eines Testamentsvollstreckerzeugnisses oder weiterer hierfür notwendiger Unterlagen verlangen; fremdsprachige Urkunden sind auf Verlangen der Bank in deutscher Übersetzung vorzulegen. Die Bank kann auf die Vorlage eines Erbscheins oder eines Testamentsvollstreckerzeugnisses verzichten, wenn ihr eine Ausfertigung oder eine beglaubigte Abschrift der letztwilligen Verfügung (Testament, Erbvertrag) nebst zugehöriger Eröffnungsniederschrift vorgelegt wird. Die Bank darf denjenigen, der darin als Erbe oder Testamentsvollstrecker bezeichnet ist, als Berechtigten ansehen, ihn verfügen lassen und insbesondere mit befreiender Wirkung an ihn leisten. Dies gilt nicht, wenn der Bank bekannt ist, daß der dort Genannte (zum Beispiel nach Anfechtung oder wegen Nichtigkeit des Testaments) nicht verfügungsberechtigt ist, oder wenn ihr dies infolge Fahrlässigkeit nicht bekannt geworden ist.

6. Maßgebliches Recht und Gerichtsstand bei kaufmännischen und öffentlich-rechtlichen Kunden

(1) Geltung deutschen Rechts

Für die Geschäftsverbindung zwischen dem Kunden und der Bank gilt deutsches Recht.

(2) Gerichtsstand für Inlandskunden

Ist der Kunde ein Kaufmann, der nicht zu den Minderkaufleuten gehört, und die streitige Geschäftsbeziehung dem Betriebe seines Handelsgewerbes zuzurechnen, so kann die Bank diesen Kunden an dem für die kontoführende Stelle zuständigen Gericht oder bei einem anderen zuständigen Gericht verklagen; dasselbe gilt für eine juristische Person des öffentlichen Rechts und für öffentlich-rechtliche Sondervermögen. Die Bank selbst kann von diesen Kunden nur an dem für die kontoführende Stelle zuständigen Gericht verklagt werden.

(3) Gerichtsstand für Auslandskunden

Die Gerichtsstandsvereinbarung gilt auch für Kunden, die im Ausland eine vergleichbare gewerbliche Tätigkeit ausüben, sowie für ausländische Institutionen, die mit inländischen juristischen Personen des öffentlichen Rechts oder mit einem inländischen öffentlich-rechtlichen Sondervermögen vergleichbar sind.

* *»Früher war der Kunde König, heute ist er AGB unterworfen ... «*

Übungsfall 2	

Der Gebrauchtwagenhändler V verkauft dem K einen gebrauchten BMW 520 i, der einen Kilometerstand von knapp 40 000 km aufweist, für 28 500 DM. Bei den Verkaufsverhandlungen bringt V zum Ausdruck, daß es sich um einen günstigen Kauf handele; der Wagen sei vom Vorbesitzer sehr gepflegt worden und in der Garage untergestellt gewesen. Das vorgedruckte Vertragsformular des Verkäufers enthält zur Gewährleistung folgende Bestimmung: »Gekauft wie besichtigt unter Ausschluß jeder Haftung«. Ist dieser Ausschluß wirksam, wenn sich später herausstellt, daß der Vorbesitzer mit dem Wagen einen Unfall hatte, was dem V aber nicht bekannt war[39]?

Wir können diese Frage anhand unseres Prüfungsschemas (zum Teil stichwortartig) beantworten.

■ (1) Ist das AGB-Gesetz anwendbar bzw. liegen überhaupt AGB im Sinne von § 1 AGBG (lesen! Antwort suchen und begründen!) vor?

▷ V benutzt ein vorgedrucktes Vertragsformular, das auf eine Vielzahl von Fällen Anwendung findet . . . Antwort: ja!

■ (2) Ist die AGB-Klausel durch Einbeziehung nach § 2 AGBG Vertragsbestandteil geworden?

▷ Dem Sachverhalt ist zu entnehmen, daß K Kenntnis genommen hat und sich durch seine Unterschrift auf dem Vertragsformular mit der Geltung der AGB-Klausel einverstanden erklärt hat. Antwort: ja!

Anhaltspunkte für ein Eingreifen von § 3 oder § 4 AGBG sind nicht ersichtlich.

(3) Die Klausel ist auch eindeutig, so daß man auf § 5 AGBG nicht einzugehen braucht.

(4) Da durch den Ausschluß der Haftung das Gewährleistungsrecht abgeändert wurde, sind die Voraussetzungen nach § 8 AGBG für eine Inhaltskontrolle der Klausel nach den §§ 9–11 AGBG gegeben.

■ Welche Vorschrift ist bei der Überprüfung der Wirksamkeit des Gewährleistungsausschlusses zunächst gedanklich zu berücksichtigen?

▷ § 11 Ziff. 10 b) AGBG (Ziff. 10 genau lesen!)!

■ Paßt diese Vorschrift auf unseren Fall? (Überlegen Sie!)

▷ § 11 Ziff. 10 b AGBG bezieht sich nur auf Verträge über Lieferungen »neu« hergestellter Sachen; hier handelt es sich aber um einen Gebrauchtwagen! – § 10 AGBG paßt ebenfalls nicht, da dort von Gewährleistungsausschluß überhaupt nicht die Rede ist!

39 nach *Alpmann und Schmidt*, SchR BT 1, S. 48

In Betracht kommt deshalb eine Unwirksamkeitsfeststellung über die allgemeine Bestimmung des § 9 AGBG.

■ Welches ist die Voraussetzung für die Unwirksamkeit nach § 9 AGBG?

▷ K müßte entgegen den Geboten von Treu und Glauben unangemessen benachteiligt sein.

■ Zu welchem Ergebnis würden Sie in unserem Falle intuitiv neigen? Ist der Ausschluß jeglicher Haftung für Mängel an einem Gebrauchtwagen wirksam oder nicht?

▷ Um das Ergebnis vorwegzunehmen: Nach der h. M. in der Literatur und nach der gängigen Rechtsprechung ist ein vollständiger Gewährleistungsausschluß im Gebrauchtwagenhandel grundsätzlich zulässig[40]. § 9 AGBG greift zugunsten des K nicht ein!

Zur Begründung wird angeführt, daß der Verkäufer eines Gebrauchtwagens, insbesondere, wenn dieser bereits durch die Hände mehrerer Voreigentümer gegangen ist, nur beschränkte Möglichkeiten hat, sich über den Zustand des von ihm zu verkaufenden Autos genau zu informieren[41]. Mangels besonderer Anhaltspunkte ist er auch nicht verpflichtet, das Fahrzeug eingehend zu untersuchen! Deshalb ist es nicht »unangemessen«[42] im Sinne von § 9 AGBG, wenn der Verkäufer die Gewährleistungshaftung abbedingt und das Risiko der Mangelhaftigkeit dem Käufer auferlegt. Diese Risikoverteilung ist nach der Rechtsprechung des BGH[43] »geradezu ein Gebot wirtschaftlicher Vernunft«.

Außerdem hat der Käufer die Möglichkeit, sich vom Verkäufer die für ihn maßgeblichen Eigenschaften ausdrücklich zusichern zu lassen. In diesem Fall käme man – über § 11 Ziff. 11 AGBG (lesen!) – direkt zur Nichtigkeit der Klausel.

In Übungsfall 2 liegen keine Zusicherungen vor, sondern bloße Anpreisungen. Hat der Käufer sich bestimmte Eigenschaften nicht zusichern lassen, muß er das Risiko für verborgene Mängel tragen, von denen der Verkäufer nichts weiß.

40 **Tip für die alltägliche Praxis: Besorgen Sie sich vom ADAC ein Formular für den Verkauf/Kauf eines Gebrauchtwagens. Dort finden Sie auch die Klausel, die unser Übungsfall enthält.**

41 vgl. *Alpmann und Schmidt*, SchR BT 1, S. 49

42 unbestimmter Rechtsbegriff, vgl. oben Fn. 32

43 BGH NJW 1966, 1070 und 1978, 261

Kennt der Verkäufer die Mängel und verschweigt er sie, hat er arglistig gehandelt. In diesem Fall ist der vertragliche Ausschluß der Haftung schon nach einer zwingenden Vorschrift des Gewährleistungsrechtes des BGB selbst nichtig, die Sie inzwischen kennen (sollten)[44]: § 476 (lesen).

In unserem Falle hatte V von dem Unfall keine Kenntnis. Sein Haftungsausschluß ist daher wirksam. K kann sich wegen des Mangelschadens nicht vom Vertrag lösen.

IV. Gesetzliche Schuldverhältnisse

Nachdem Sie erfahren haben, daß zur Begründung bzw. Entstehung von vertraglichen Schuldverhältnissen ein Vertrag und damit Willenserklärungen der Beteiligten erforderlich sind, können Sie den Grund für die Entstehung eines gesetzlichen Schuldverhältnisses selbst herausfinden. Denken Sie ein wenig nach!

■ Wodurch wird man Beteiligter eines gesetzlichen Schuldverhältnisses?

▷ Durch die Verwirklichung eines bestimmten gesetzlichen Tatbestandes:
Gesetzliche Schuldverhältnisse entstehen unabhängig von einem darauf gerichteten rechtsgeschäftlichen Willen der Beteiligten kraft Gesetzes durch die Verwirklichung eines bestimmten gesetzlich geregelten Tatbestandes.

Das Schuldrecht kennt vier gesetzliche Schuldverhältnisse.

Die beiden wichtigsten gesetzlichen Schuldverhältnisse sind das der »ungerechtfertigten Bereicherung« (§§ 812 ff.) und das der »unerlaubten Handlung« (§§ 823 ff.).

Sie brauchen diese und die folgenden Paragraphen ausnahmsweise nicht zu lesen; wir kommen darauf zu einem späteren Zeitpunkt ausführlicher zu sprechen[45].

Bei der *»ungerechtfertigten Bereicherung«* durch den Schuldner hat der Gläubiger kraft Gesetzes einen Anspruch auf *Herausgabe* bzw. Erstattung dessen, was der Schuldner z. B. ohne rechtlichen Grund erlangt hat.

44 vgl. oben Fn. 22, 23 und 24
45 vgl. Teilband 2, S. 123 ff. (§§ 812 ff.), 137 ff. (§§ 823 ff.)

Beim zweiten großen Komplex der gesetzlichen Schuldverhältnisse aus » *unerlaubter Handlung*« ist der Schuldner dem Gläubiger per Gesetz zur Schadensersatzleistung verpflichtet.

Zu nennen sind schließlich noch das gesetzliche Schuldverhältnis der »*Geschäftsführung ohne Auftrag*«, bei dem jemand für einen anderen tätig wird, ohne dazu verpflichtet gewesen zu sein (§§ 677 ff.), und das der »*Haftung des Gastwirts*« (Beherbergungswirt) für eingebrachte Sachen (§§ 701 ff.). Auch bei diesen Schuldverhältnissen geht es namentlich um Schadensersatzansprüche. – Lesen Sie abschließend Übersicht 3!

Literatur zur Vertiefung (2. Kapitel):

Alpmann und Schmidt	BGB AT 2, S. 278–293 und Schuldrecht BT 1, S. 45–49
Belke	Die Prüfung Allgemeiner Geschäftsbedingungen in der Klausur; JA 1988, 475 ff.
Brox	Allgemeiner Teil, § 10
ders.	Allg. SchR, §§ 3 u. 4 I u. II
Köhler	§ 23
Klunzinger	§§ 10 III, 23
Löwe	Das Gesetz zur Regelung des Rechts der Allgemeinen Geschäftsbedingungen (AGB-Gesetz); JuS 1977, S. 421 ff.
Medicus	Schuldrecht I, §§ 8–10
Westermann	Schuldrecht AT, § 1 II

Übersicht 4:

Entstehung von vertraglichen und gesetzlichen Schuldverhältnissen

Gesetzliche Regelung des Rechts der Schuldverhältnisse:

§§ 241 – 853
(Zweites Buch des BGB)

Definition Schuldverhältnis:

Unter einem Schuldverhältnis versteht man ein Rechtsverhältnis, in dem sich mindestens zwei Personen (Gläubiger und Schuldner) in der Weise gegenüberstehen, daß sie einander zu einer Leistung berechtigt oder verpflichtet sind.

Vertragliche Schuldverhältnisse . . .

entstehen durch sich deckende Willenserklärungen der Beteiligten (Angebot und Annahme). Zu ihrer Begründung ist regelmäßig ein *Vertrag* erforderlich (§ 305).
Vertragliche Schuldverhältnisse sind immer Verpflichtungsgeschäfte (vgl. Übersicht 1).

§ 305

Aus § 305 folgt neben der grundsätzlichen Notwendigkeit des Vertrages auch die

Vertragsfreiheit

Dazu gehören die *Abschlußfreiheit* und die *Gestaltungsfreiheit*. Die Verträge des Besonderen Schuldrechts stellen nur gesetzlich geregelte Typen vertraglicher Schuldverhältnisse dar. Sie können, sofern nicht ausdrücklich Gesetzesvorschriften (z.B. §§ 134, 138) entgegenstehen, beliebig modifiziert werden (gemischte Verträge; atypische Verträge = dispositives Recht!)

Gesetzliche Schuldverhältnisse . . .

entstehen unabhängig von einem darauf gerichteten Willen der Beteiligten kraft Gesetzes durch die Verwirklichung eines bestimmten Tatbestandes. Das BGB kennt vier gesetzliche Schuldverhältnisse:

- Ungerechtfertigte Bereicherung – §§ 812 ff.
- Unerlaubte Handlung – § 823 ff.
- Geschäftsführung ohne Auftrag – §§ 677 ff.
- Haftung des Gastwirts – §§ 701 ff.

3. Kapitel: Inhalt von Schuldverhältnissen

Nachdem Sie gelesen haben, daß im Besonderen Teil des Schuldrechts vier gesetzliche Schuldverhältnisse und eine ungleich höhere Zahl von (typischen) vertraglichen Schuldverhältnissen angesprochen werden, wundert es Sie sicherlich nicht, daß sich das Allgemeine Schuldrecht vornehmlich mit Regelungen für die vertraglichen Schuldverhältnisse befaßt. Das Schuldrecht wird von der Vertragsfreiheit beherrscht und diese ermöglicht es – innerhalb der gesetzlichen Grenzen –, neben den gesetzlich typisierten Schuldverhältnissen eine Vielzahl weiterer rechtsgeschäftlicher Schuldverhältnisse zu begründen.

Wenn die Parteien ein vertragliches Schuldverhältnis begründen wollen, müssen sie sich vor allem über den *Inhalt* dieses Schuldverhältnisses im klaren sein. Dazu gehört u. a., daß sie sich über ihre jeweiligen *Leistungspflichten* und über die *Art* der geschuldeten Leistung geeinigt haben. Eine Einigung kommt, wie wir wissen, regelmäßig nach den §§ 145 ff. zustande. Zur Begründung eines vertraglichen Schuldverhältnisses sind bekanntlich *Angebot und Annahme* erforderlich, die sich decken müssen.

Dies ist regelmäßig der Fall, wenn sich die Vertragsparteien über die *wesentlichen Vertragsbestandteile* einig sind. Zu den wesentlichen Bestandteilen eines Vertrages gehört zunächst die Festlegung der einander geschuldeten *Leistungen.*

Darüber hinaus können die Vertragsparteien sich insbesondere über die »Leistungsmodalitäten«, d. h. z. B. über die Beschaffenheit des Vertragsgegenstandes sowie über Ort und Zeit der Leistung einigen; sie können bestimmen, welche Rechtsfolgen für den Fall der Nichterfüllung der Vertragspflichten eintreten sollen, unter welchen Voraussetzungen die eine Partei vom Vertrag zurücktreten oder die Kündigung aussprechen darf und vieles andere mehr.

Welches der *Inhalt* der jeweilig geschuldeten Leistung ist, bestimmen grundsätzlich die Vertragspartner (vgl. »Vertragsfreiheit«, insbesondere Gestaltungsfreiheit).

I. Die Leistungspflicht

Entscheidend für die Charakterisierung des Schuldverhältnisses ist diejenige Leistungspflicht, an deren Erfüllung der Gläubiger das stärkste Interesse hat.

1. Hauptleistungspflichten und Nebenleistungspflichten

Nehmen wir als Beispiel erneut den Kaufvertrag. Lesen Sie nochmals § 433 Abs. 2! Gläubiger ist in Abs. 2 der Verkäufer, Schuldner ist der Käufer.

■ Wozu ist der Käufer als Schuldner verpflichtet, worin besteht seine Leistungspflicht?

▷ Der Käufer ist verpflichtet, den vereinbarten Kaufpreis zu zahlen und die gekaufte Sache abzunehmen. Darin bestehen seine Leistungspflichten.

■ An der Erfüllung welcher Leistungspflicht hat der Gläubiger, der Verkäufer, im Normalfall das größere Interesse?

▷ Im Normalfall an der Zahlung des Kaufpreises!

Auch an der Abnahme ist er interessiert, vor allem, wenn es sich um große sperrige Gegenstände handelt, die in seinem Warenlager sehr viel Platz beanspruchen, oder wenn es sich um verderbliche Ware handelt . . .

Die Zahlung des Kaufpreises ist beim Kaufvertrag die *Hauptleistungspflicht* des Käufers.

■ Wie würden Sie im Gegensatz zu dieser Hauptleistungspflicht die Pflicht des Käufers zur Abnahme der Sache bezeichnen?

▷ Man spricht von einer »Nebenleistungspflicht« des Schuldners. Haupt- und Nebenleistungspflichten gibt es nicht nur beim Kaufvertrag, sondern in jedem vertraglichen Schuldverhältnis. Wenngleich das, wie beim Kaufvertrag in § 433 Abs. 2 mit der Abnahmepflicht des Käufers, nicht in jedem einzelnen der im Besonderen Teil des Schuldrechts gesetzlich typisierten Schuldverhältnisse ausdrücklich festgelegt ist, gibt es dennoch eine Vorschrift, aus der sich solche Nebenleistungspflichten des Schuldners für jeden Vertrag herleiten lassen.

■ Wo würden Sie eine solche Vorschrift suchen?

▷ Im Allgemeinen Teil des Schuldrechts, der ja für alle besonderen Schuldverhältnisse gilt!

2. Der Grundsatz von Treu und Glauben

Lesen Sie § 242 BGB!

In dieser Vorschrift ist der »Grundsatz von Treu und Glauben« festgeschrieben, der alle Schuldverhältnisse bzw. das gesamte Verhalten der an einem Schuldverhältnis Beteiligten beherrscht.

§ 242 ist so etwas wie eine juristische Zauberformel! Wenn auf irgendeinen Sachverhalt keine Vorschrift mehr paßt: mit den scheinbar schwammigen Begriffen »Treu und Glauben« und »Rücksicht auf die Verkehrssitte« läßt sich fast jeder Fall lösen.

Was es zu diesen Begriffen an Theorien gibt, ist kaum vorstellbar. Dazu ein Beispiel, das für sich spricht: Es gibt zum BGB sehr viele Kommentare verschiedenen Umfangs. Ein Standardwerk z. B.[46], das mit Sicherheit in jeder Rechtsabteilung eines wirtschaftlichen Unternehmens zu finden ist, ist der Kommentar von *»Palandt«*, ein Werk von rd. 2500 winzig bedruckten Seiten. Wenn Sie berücksichtigen, daß das BGB 2385 Paragraphen hat und allein 20 Seiten dieses Kommentars § 242 gewidmet sind, können Sie sich vorstellen, wie wichtig diese Vorschrift genommen wird. Ein ca. zwanzigbändiger Kommentar *(Staudinger)*, von dem jeder Band gut 1000 bis 1500 Seiten hat, enthält sogar einen Band allein über § 242! Da Sie aber nicht ausgebildet werden, um juristisches »Erbsenzählen« zu lernen, brauchen Sie sich mit solchen Wälzern nicht aufzuhalten.

Sie müssen aber wissen, daß es das Prinzip von Treu und Glauben im Allgemeinen Schuldrecht *gibt.*

Dieses Prinzip beruht im wesentlichen auf dem Grundsatz des Vertrauens in ein bestimmtes faires und rechtmäßiges Verhalten der an einem Schuldverhältnis Beteiligten. Aus diesem Grundsatz hat die Rechtsprechung u. a. hergeleitet, daß die Vertragspartner außer ihren Hauptleistungspflichten auch Nebenleistungspflichten und schließlich sog. »Schutz- und Sorgfaltspflichten« haben[47].

46 vgl. Vorwort zur ersten Auflage, oben S. XI

47 *Ein Schuldverhältnis z. B., das in besonderem Maße von Treu und Glauben beherrscht wird, ist der Versicherungsvertrag, weil dort die Parteien im Hinblick auf den Charakter des Versicherungsschutzes als abstrakte Dienstleistung sowie die bestehende Gefahr der Vortäuschung des Versicherungsfalles auf gegenseitiges Vertrauen angewiesen sind. Das hat einerseits dazu geführt, daß der Versicherungsnehmer beim Verstoß gegen bestimmte Obliegenheiten (§ 16 VVG) den Versicherungs-*

3. Arten der Nebenleistungspflichten

Da die Nebenleistungspflichten (wie z. B. die Abnahmepflicht des Käufers gem. § 433 Abs. 2 – vgl. auch § 444 = lesen!) für die wenigsten Vertragstypen ausdrücklich in Vorschriften des Besonderen Schuldrechts genannt sind[48], sondern sich aus der »Generalklausel«[49] des § 242 ergeben, wollen wir darauf ausführlicher eingehen. Nebenleistungspflichten, kurz vertragliche »Nebenpflichten« genannt[50], können in den verschiedensten Formen auftreten, z. B. als allgemeine Schutz- und Sorgfaltspflichten, Treuepflichten, Mitwirkungspflichten und Auskunfts- oder Aufklärungspflichten[51].

Schutz- und Sorgfaltspflichten besagen, daß beide Vertragsparteien darauf achten müssen, bei der Vertragsabwicklung der anderen Partei keinen Schaden zuzufügen.

Aufgrund ihrer Treuepflicht müssen die Vertragspartner alles tun, um den Vertragszweck ordnungsgemäß zu erfüllen, bzw. alles unterlassen, was die erfolgreiche Vertragsabwicklung beeinträchtigen kann (z. B. Konkurrenz- bzw. Wettbewerbsverbote[52] beachten).

Mitwirkungspflichten haben die Vertragsparteien insofern, als sie aktiv dazu beitragen müssen, daß der Vertragszweck auch wirklich erreicht werden kann (z. B. Bemühung um einen Notartermin, damit der Grundstückskaufvertrag gem. § 313 beurkundet werden kann).

Auskunfts- und Aufklärungspflichten bestehen z. B., wenn eine Partei bestimmte Umstände nicht kennt, die für den Vertragsschluß wesentlich sind, während der anderen Partei dies bewußt ist[53].

Lösen wir nach soviel Theorie zum Thema »Nebenpflichten« zur Abwechslung wieder einen praxisbezogenen Fall . . .

schutz verliert, belastet aber andererseits auch den Versicherer mit zahlreichen Auskunfts- und Aufklärungspflichten.

48 **weiteres Beispiel: § 666 – lesen Sie zur Information schon jetzt § 662 und dann § 666**

49 **Generalklauseln werden vom Gesetzgeber häufig verwendet, um durch allgemein gehaltene Formulierungen möglichst viele Tatbestände zu erfassen** *(vgl. Creifelds, S. 467)*.

50 vgl. z. B. *Löwisch*, SchR AT, S. 4

51 vgl. auch *Esser/Schmidt*, § 6 IV

52 *von Bedeutung im »Handelsrecht«*

53 vgl. *Brox*, Allg. SchR, Rdnr. 57

Übungsfall 3	

»Ärger mit dem Computer«
Die »Argus-Versicherungs-Gesellschaft« (A) bestellt bei der Computerherstellungsfirma »Big Brother« (B) einen hochkomplizierten Klein-Computer für 56 000,– DM, den die Geschäftsleitung der A zuvor bei B besichtigt hatte. Nachdem B die Maschine in das Gebäude der A gebracht und dort in der Datapoint-Abteilung aufgestellt hat, ist keiner der Betriebswirte – und schon gar nicht der Hausjurist – in der Lage, das Gerät in Gang zu setzen. Die Bedienungsanleitung scheint in »Chinesisch« gefaßt zu sein! A bittet die B um gesonderte Einweisung in die Bedienung des Gerätes. B antwortet, sie habe ihre Verpflichtungen aus dem Kaufvertrag mit der Lieferung des Computers erfüllt; wenn A sich ein solch kompliziertes Gerät anschaffe, müßten ihre Leute auch damit fertig werden . . .
Hat A gegen B aufgrund des Kaufvertrages einen Anspruch auf Einweisung in die Bedienung des Computers?

Versuchen wir, den Stoff, den uns dieser Fall vermitteln soll, »auf Gutachtenart« zu erarbeiten.

■ Nach welchem Anspruch ist gefragt?

▷ Nach einem Anspruch des Käufers gegen den Verkäufer auf (vollständige) Erfüllung des Kaufvertrages!

■ Welche Anspruchsgrundlage des Besonderen Schuldrechts, die Sie bereits gut kennen, enthält den Erfüllungsanspruch des Käufers gegen den Verkäufer? (Überlegen!)

▷ Antwort: s. u.*

(Vergessen Sie möglichst nicht, daß Paragraphen inhaltlich immer *genau* zitiert werden müssen! *Wiederholung:* In einem Gutachten wäre es zumindest ein Schönheitsfehler, wenn Sie von einem Anspruch des Käufers gegen den Verkäufer »gem. § 433« sprechen.

■ Warum?

▷ Weil § 433 – in Abs. 2 – auch einen Anspruch des Verkäufers gegen den Käufer enthält!)

■ Welche Leistungspflicht muß der Verkäufer nach § 433 Abs. 1 S. 1 erfüllen?

▷ Übergabe der Kaufsache und Verschaffung des Eigentums! Diese Pflicht, bei der es sich um die Hauptleistungspflicht des Verkäufers handelt, hat A erfüllt. Wie Sie eben gelesen haben, haben die Parteien eines Schuldverhältnisses neben den Hauptleistungspflichten auch Nebenleistungspflichten.

* **§ 433 Abs. 1 S. 1!**

■ Beschreibt § 433 Abs. 1 S. 1 eine solche Nebenleistungspflicht? (Nachdenken!)

▷ Anders als in Abs. 2 ist in Abs. 1 S. 1 nur von der (gegenseitigen) Hauptleistungspflicht die Rede!

■ Aus welcher Vorschrift haben wir die allgemeinen Nebenleistungspflichten hergeleitet?

▷ Aus der Generalklausel des § 242 (nochmals lesen!).

Der erste Satz eines Gutachtens zu unserem Fall könnte daher lauten: »A könnte gegen B einen Anspruch auf Einweisung in die Bedienung des Computers gem. § 433 Abs. 1 S. 1 i. V. m. § 242 haben«. – Die Parteien eines Vertrages haben nicht nur die Pflicht, den Leistungsgegenstand, dessentwegen der Vertrag geschlossen wurde, zu erbringen, sondern der Schuldner ist nach Treu und Glauben und mit Rücksicht auf die Verkehrssitte gem. § 242 unter Umständen verpflichtet, die Leistung so zu erbringen, daß der Gläubiger sie auch tatsächlich verwenden kann. Im »Normalfall« gilt für den Kaufvertrag, daß der Käufer(!) das Risiko dafür trägt, die Kaufsache auch zweckentsprechend verwenden zu können.

Beispiel:
Wer Austern kauft, kann vom Verkäufer nicht verlangen, daß dieser ihm bei der Zubereitung behilflich ist und ihn darüber aufklärt, wie man Austern verspeist!

■ Wie sieht das in unserem Fall aus?
Gilt der Grundsatz, daß der Käufer das Risiko tragen muß, auch insofern, daß er den hochkomplizierten Computer richtig verwenden bzw. bedienen kann?

▷ Wenn der Verkäufer einer Sache nach den gesamten Umständen damit rechnen muß, daß seine Käufer die Kaufsache erst nach sorgfältiger Unterrichtung durch ihn zweckentsprechend verwenden können, muß er Vorkehrungen treffen, die erforderlich sind, um einem durchschnittlichen Käufer den funktionsgerechten Einsatz der Sache zu ermöglichen. Dies folgt aus den Grundsätzen des § 242 und stellt eine Nebenleistungspflicht des Verkäufers dar.

Die Antwort auf die eben gestellte Frage, ob der Käufer das »Verwendungsrisiko« tragen muß, ist in diesem Fall mit »nein« zu beantworten[54]! (War das auch Ihre spontan gedachte Antwort?)

54 vgl. *Löwisch*, SchR AT, S. 5 (zu Fall 5/2 auf S. 4)

■ Was meinen Sie: War die Bedienungseinweisung in den Computer eine Nebenleistungspflicht der B, auf deren Erfüllung A einen Anspruch hat?

▷ Angesichts der Tatsache, daß es sich um einen hochkomplizierten Computer handelt, der mit einer offenbar nur für versierte Spezialisten verständlichen Bedienungsanleitung versehen war, hatte B die vertragliche Nebenleistungspflicht, der A entweder eine klare und eindeutig verständliche Bedienungsanleitung zu überlassen oder sie in die Bedienung der Maschine einzuweisen.

■ Wie lautet das Ergebnis unseres Falles, die konkrete Antwort auf unsere Fallfrage?

▷ A kann von B gem. § 433 Abs. 1 S. 1 i. V. m. § 242 verlangen, daß B die Mitarbeiter der A in die Maschine einweist; die Umstände der Lieferung haben ergeben, daß B zu einer solchen Nebenleistung verpflichtet war. Da der Computer schon in den Räumen der A steht, muß B die Einweisung dort vornehmen.

II. Der Leistungsort

Übungsfall 4	
In Fall 3 hatte A die B gebeten, ihr den Computer zu bringen. Beim Aufstellen des Gerätes wird der Geschäftsführer der A infolge einer Unachtsamkeit von den Leuten der B verletzt. B verlangt von A die Transportkosten; A verlangt von B Schadensersatz. Sind diese Ansprüche begründet?	

Dies ist einer der nicht seltenen Fälle, in denen nicht nur nach *einem* Anspruch, sondern auch nach Gegenansprüchen des anderen Vertragspartners gefragt ist.

Wir trennen die beiden Fallfragen sorgfältig und prüfen zunächst die Ansprüche von B gegen A (weil danach zuerst gefragt wurde) und später die Ansprüche von A gegen B.

Anspruch der B gegen A auf Ersatz der Transportkosten:

■ Welche bisher vielzitierte Anspruchsgrundlage kommt möglicherweise in Betracht? Welcher Vertrag wurde zwischen A und B geschlossen?

▷ Ein Kaufvertrag! Anspruchsgrundlage könnte § 433 sein.

▷ Welcher Absatz?

▷ Abs. 2, da es um einen Anspruch des Verkäufers gegen den Käufer geht !

■ Ist in § 433 Abs. 2 etwas darüber gesagt, wer die *Transport*kosten tragen muß?

▷ In Abs. 2 ist nur vom Anspruch auf *Kaufpreiszahlung* die Rede. Nur diese ist die Hauptleistungspflicht des Käufers.

■ Welche Möglichkeiten gäbe es dennoch, eine Regelung über die Transportkosten zu treffen? Denken Sie an das im Schuldrecht geregelte Prinzip der Vertragsfreiheit!

▷ A und B könnten eine Vereinbarung darüber getroffen haben, wer diese Kosten zu tragen hat, und zwar in Form einer »vertraglichen Nebenabrede«.

■ Ist das geschehen?

▷ Es ist keine vertragliche Nebenabrede getroffen, sondern lediglich eine Bitte von A gestellt worden.
Also sind wir mit unserem »Latein« am Ende, so daß die Transportkosten von keinem getragen werden müssen?

■ Was macht der Jurist, wenn er eine Lösung sucht, momentan aber nicht weiter weiß?

▷ Er blättert im Gesetz (bevor er auf § 242 zurückgreift!).

Blättern Sie einmal bei § 433 weiter, überfliegen Sie die Überschriften der Paragraphen des Titels, der mit »Kauf, Tausch« überschrieben ist, und suchen Sie einen Paragraphen, der etwas über die Transport*kosten* sagen könnte.

■ Welche Vorschrift haben Sie gefunden?

▷ Antwort: siehe unten!*
Demnach muß der Käufer u. a. die Kosten der Versendung (dazu gehören auch die Transportkosten) tragen, wenn der Verkäufer die Sache – wir ergänzen: auf Wunsch des Käufers – an einen anderen Ort als den *Erfüllungsort* bringt.

■ Was ist das: der Erfüllungsort?

▷ Wenn Sie sich an das kürzlich Erlernte zum Begriff des Schuldverhältnisses erinnern, wissen Sie, daß die Erfüllung des Schuldverhältnisses (Vertrages) bedeutet: Der Gläubiger kann vom Schuldner eine

* Sie müßten § 448 gefunden haben (lesen!)!

Leistung fordern, die der Schuldner erbringen muß. Wir hatten festgestellt, daß der Anspruch des Gläubigers, eine Leistung vom Schuldner zu verlangen, identisch ist mit dem »Erfüllungsanspruch«. Somit ist der »Erfüllungsort«, von dem § 448 spricht, in der Regel auch identisch mit dem »Leistungsort« !
Lesen Sie nun § 269 Abs. 1. Daß unsere beiden Vertragspartner über den Leistungsort bzw. den Erfüllungsort nichts vereinbart haben, hatten wir bereits festgestellt. Es gibt keine vertragliche Nebenabrede! Sie haben insofern von der Vertragsfreiheit keinen Gebrauch gemacht, die dazu berechtigt, einen anderen Leistungsort zu bestimmen, als er in § 269 festgelegt ist. Somit bleibt es bei der – ansonsten dispositiven (abdingbaren) – Regelung von § 269!

■ Welcher Ort ist danach Leistungs- bzw. Erfüllungsort?

▷ Der Wohnsitz des Schuldners!

■ Wer ist Schuldner? A oder B?

▷ Verkäufer B! Es geht um die Verpflichtung zur Übergabe der Sache, nicht um die Zahlung des Kaufpreises.

■ Somit ist welcher Ort Leistungs- oder Erfüllungsort?

▷ Der Wohnsitz des Verkäufers B!

■ Wenn Sie § 448 nochmals lesen, müßten Sie die Frage beantworten können, wer für die Versendungskosten bzw. die Transportkosten aufkommen muß?

▷ Der Käufer A; denn auf seinen Wunsch hat B die Ware an einen anderen als den Erfüllungsort gebracht.
Damit haben wir die erste Frage von Fall 4 beantwortet. Als Ergebnis können wir feststellen:
»B hat gegen A einen Anspruch auf Zahlung der Transportkosten gem. § 433 i. V. m. § 448 Abs. 1«.
Aus § 448 folgt, daß die Zahlung der Transportkosten zu einem anderen Ort als dem Erfüllungsort, sofern nichts anderes vereinbart ist, ebenso eine Nebenleistungspflicht des Käufers ist, wie z. B. die Abnahme der Kaufsache.

Einen Überblick über die wichtigsten vertraglichen Haupt- und Nebenleistungspflichten gibt Übersicht 5:

Übersicht 5:

Haupt- und Nebenleistungspflichten in vertraglichen Schuldverhältnissen

Inhalt vertraglicher Schuldverhältnisse kann jede Art von Leistung sein. Damit die Verpflichtung zur Leistung entsteht, brauchen die Parteien sich nicht über jeden einzelnen Umstand zu einigen, der für die Erfüllung der Vertragspflichten von Bedeutung ist. Es genügt für die Einigung die Willensübereinstimmung bezüglich der wesentlichen, typischen Verpflichtungen. Dies sind die Hauptleistungspflichten.

Typische vertragliche Hauptleistungspflichten

	entgeltlich	unentgeltlich
Verschaffung eines Vermögens (z.B. Sache)	Kauf: § 433	Schenkung: §§ 516,518
Überlassung einer Sache zum Gebrauch auf Zeit	Miete: § 535 Pacht: § 581	Leihe: § 598
Tätigkeit	Dienstvertrag: § 611	Auftrag: § 662
Herbeiführung eines Erfolges	Werkvertrag: § 631	Auftrag: § 662
Verwahrung einer Sache	Verwahrungsvertrag: §§ 688,689	Verwahrungsvertrag: § 690
Übertragung von Kapital zur Nutzung	verzinsliches Darlehen: §§ 607,608	unverzinsliches Darlehen: § 607

Übersicht 5 (Fortsetzung):

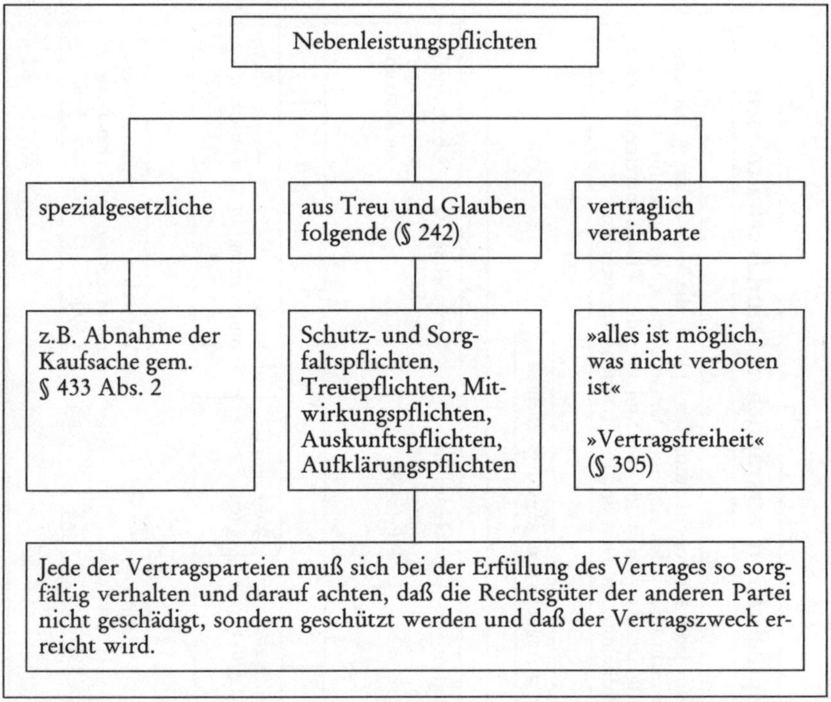

Aus § 269 haben wir entnommen, daß der Leistungsort der Ort ist, an dem der Schuldner seine Leistungshandlung zu erbringen hat. Damit hat der Schuldner seine vertragliche Verpflichtung erfüllt, so daß der Leistungsort insofern mit dem Erfüllungsort identisch ist; doch es ist möglich, daß der Erfolg, der Zweck des Vertrages, noch nicht erreicht wurde, obwohl der Schuldner seine Leistungspflicht erfüllt hat.

Man müßte eigentlich »Leistungsort« mit »Erfüllungsort« gleichsetzen und davon den Ort, an dem der Leistungserfolg tatsächlich eintritt, trennen und ihn als »Erfolgsort« bezeichnen[55]. Diesen »Erfolgsort« meint § 447 Abs. 1 (lesen!), wenn er von »einem anderen Ort als dem Erfüllungsorte« (= Leistungshandlungsort) spricht.

55 ähnlich *Klunzinger*, S. 189 (Lernhinweis unten)

Leistungs- bzw. Erfüllungsort i. S. d. Gesetzes ist grundsätzlich der Ort, an dem der Schuldner alles zur Leistung seinerseits Erforderliche getan hat, während der Eintritt des Vertragserfolges außerhalb seiner erfüllten Leistungsverpflichtung und seines Einflusses liegen kann.

Aufgrund der Vertragsfreiheit steht es den Parteien frei, einen anderen Leistungsort zu bestimmen, als er vom Gesetzgeber in § 269 Abs. 1 vorgesehen ist. Bezüglich des *Leistungsortes* unterscheidet die Rechtslehre drei verschiedene *Schuldarten:*

1. Holschuld

Aus § 269 Abs. 1 folgt, daß (wenn nichts anderes vereinbart ist) Leistungs- bzw. Erfüllungsort der Wohnsitz des Schuldners ist. Der Verkäufer, der die Übergabe der Sache schuldet, hat seine vertragliche Leistungshandlung erbracht, wenn er die Sache bei sich für den Käufer *ausgesondert, bereitgestellt* und den *Gläubiger davon benachrichtigt hat.*

Der Gläubiger, z. B. ein Käufer, der eine Sache beim Verkäufer bestellt hat, muß sich die Sache an dem Wohnsitz des Schuldners (hier: Verkäufers) abholen.

Diese »Holschuld« ist, wie aus § 269 Abs. 1 folgt, der Regelfall.

2. Bringschuld

■ Wo bei der Bringschuld der Leistungsort ist und worin die Leistungshandlung des Schuldners besteht, bis er seinen Vertrag erfüllt hat, müßten Sie selbst herausfinden können (Überlegen Sie!).

▷ Bei der Bringschuld gehört zur Leistungshandlung des Schuldners, daß er die Sache zu dem Gläubiger *bringt* und sie ihm *anbietet.* Erst dann hat er seine Leistungshandlung erbracht. Leistungs- bzw. Erfüllungsort ist bei der Bringschuld der Wohnsitz des Gläubigers.

3. Schickschuld

Haben die Vertragspartner eine Schickschuld vereinbart, gehört zu der Leistungshandlung des Schuldners nicht nur das Bereitstellen und Anbieten des Leistungsgegenstandes, z. B. der Kaufsache, sondern auch das ordnungsgemäße Absenden der Sache (z. B. Aufgabe bei Post oder Bahnhof) bzw. die Übergabe an eine zuverlässige Transportperson. Damit hat der Schuldner alles getan, um seine Leistungspflicht zu erfüllen.

■ Wo ist deshalb bei der Schickschuld der Leistungsort (= Ort der Leistungs*handlung*)?

▷ Wiederum am Wohnsitz des Schuldners, mit dem Unterschied, daß er dort diesmal mehr tun muß, als den Gegenstand zur Abholung bereitstellen; er muß auch für den Transport zum Gläubiger sorgen!

Welche dieser drei Schuldarten vorliegen soll, Hol-, Bring- oder Schickschuld, können die Parteien, wie gesagt, vereinbaren. Ist nichts anderes vereinbart, oder, wie es in § 269 Abs. 1 heißt, ist aus den Umständen, »insbesondere aus der Natur des Schuldverhältnisses«, nicht zu entnehmen, um welche Art der Schuld es sich handelt, ist Leistungsort immer der Wohnsitz des Schuldners.

■ Versuchen Sie selbst, ein Beispiel dafür zu bilden, bei dem zwar nichts Besonderes zwischen den Parteien vereinbart ist, bei dem sich aber aus den Umständen, namentlich aus der Natur des Schuldverhältnisses, ein anderer Leistungsort als der Wohnsitz des Schuldners ergibt (alltäglicher Fall) !

▷ »Ganz einfach«: Beim alltäglichen Ladenkauf!
Wenn Sie sich beispielsweise im Hauptbahnhof in Köln am Zeitungskiosk den »Kölner Stadtanzeiger« kaufen, ist für Sie klar – ohne daß Sie sich normalerweise darüber Gedanken gemacht oder gar eine Vereinbarung darüber getroffen haben –, daß der Leistungsort am Bahnhofskiosk sein soll. Leistungsort ist in diesem Fall der Ort, an dem der Verkäufer – bezüglich der Übergabe der Zeitung somit der Schuldner – sein Geschäft hat. Ob er seinen *Wohnsitz* im »Bahnhof« hat bzw. ob er überhaupt in Köln oder vielleicht in »Kleinkleckersdorf« wohnt, ist für Sie als Gläubiger uninteressant (lesen Sie dazu § 269 Abs. 2)!

III. Der Leistungsgegenstand

Nachdem wir die Schuldarten nach dem Leistungsort eingeteilt haben, müssen wir noch eine zweite Form der Einteilung der Schuldarten kennenlernen, nämlich die Einteilung nach der Art des *Leistungsgegenstandes*.

1. Stückschuld und Gattungsschuld

Handelt es sich beim Leistungsgegenstand[56] um eine Sache, kann diese eine ganz konkret bestimmte sein, z. B. *dieses* antiquarische Buch oder *dieser* Gebrauchtwagen. In diesem Fall bezeichnet man diese spezielle geschuldete Sache als »Spezies-« oder »Stückschuld«.

Häufig wird nicht ein ganz bestimmtes Stück, sondern eine Sache oder eine bestimmte Menge davon aus einer »Gattung« geschuldet, z. B. ein Fahrrad aus dem Katalog von Neckermann, ein Kilo Kartoffeln etc.. Das ist die typische »Gattungsschuld«. Ob eine Sache als Stück- oder Gattungsschuld geschuldet wird, kann von großer Wichtigkeit sein, wenn die Sache, bevor sie zum Gläubiger gelangt, zerstört wird.

Wie Sie im Kapitel über die Leistungsstörungen genauer erfahren werden, wird der Schuldner bei Zerstörung einer als Stückschuld geschuldeten Sache, sofern ihn daran kein Verschulden trifft, von seiner Leistungspflicht befreit. Eine als Gattungsschuld geschuldete Sache dagegen muß er, ohne daß es auf sein Verschulden für ihre Zerstörung ankommt, grundsätzlich noch liefern und sie sich gegebenenfalls beschaffen. Die gewöhnliche Gattungsschuld ist zugleich eine Beschaffungsschuld[57].

Dies gilt nicht, wenn von der geschuldeten Gattungssache nur ein begrenzter Vorrat vorhanden ist. Die Beschaffungspflicht des Schuldners endet, wenn der Vorrat erschöpft ist. Man spricht von einer beschränkten Gattungsschuld oder Vorratsschuld.

Beispiel: A bestellt beim Bauer B einen Zentner Äpfel der Sorte »Delicious« aus dessen Ernte 1993, die B dem A bringen sollte. Solange »Delicious«-Äpfel aus der Ernte 1993 vorrätig sind, muß B dem A einen neuen Zentner beschaffen, falls der bestellte Zentner auf dem Lieferweg zu A verlorengeht oder zerstört wird. Wenn aber das Lagerhaus des B, in dem er die gesamte Ernte 1993 aufbewahrt, abbrennt, kann B aus dieser Gattung nicht mehr liefern.

Zur Verdeutlichung des Unterschiedes zwischen Stückschuld und Gattungsschuld ein *Beispiel:*

Herr Reich, Vorstandsvorsitzender der Argus-Versicherungs-Gesellschaft und Liebhaber und Sammler alter Bilder, sieht in einer Kunsthandlung das Original

56 Überlegen Sie, für welche Begriffe »Gegenstand« im Rechtssinne der Oberbegriff ist! (Lösung: vgl. *meine* Grundzüge, Bd. I, Übersicht 12)

57 *Larenz,* SchR I AT, § 11 I

des Bildes von Karl Spitzweg »Der arme Poet«, das dieser 1839 gemalt hat. Koste es, was es wolle, Reich will das Bild haben, und so schließt er mit dem Kunsthändler den entsprechenden Kaufvertrag.

■ Um welche Art von Schuld, die der Verkäufer erfüllen muß, handelt es sich – Stückschuld oder Gattungsschuld?

▷ Da der Vertrag über ein einzelnes Bild geschlossen wurde, handelt es sich um eine Stückschuld!

■ Warum? Versuchen Sie selbst, das Wesen einer Stückschuld nochmals zu beschreiben. Welcher Leistungsgegenstand wird, allgemein ausgedrückt, bei einer Stückschuld geschuldet?

▷ Bei einer Stückschuld wird eine *ganz konkrete, bestimmte Sache* geschuldet. Ein zweites Exemplar *dieses* Bildes gibt es nicht! –

Nehmen wir in Abwandlung unseres Beispieles an, es ginge nicht um das Original des »Armen Poeten«, sondern um einen Druck, von dem eine Vielzahl auf dem Markt ist. Ein solcher Druck ist im Fenster eines Kunsthändlers ausgestellt und soll nur 10,– DM kosten. Sie betreten den Laden und teilen dem Verkäufer mit, daß Sie diesen Druck für 10,– DM kaufen wollen. Die Antwort ist: »Tut mir leid, das Exemplar im Fenster ist mein letztes und als Ausstellungsstück unverkäuflich. Ich habe aber schon neue Drucke bestellt, und davon können Sie einen bekommen. Allerdings ist er teurer geworden. Ich muß 20,– DM dafür haben.«

Sie wollen schon protestieren, doch da fällt Ihnen ein, was Sie aus dem Bürgerlichen Recht über Angebot und Annahme (sowie über die sogenannte »invitatio ad offerendum«, die unverbindliche Einladung, ein Angebot zu machen) gelernt haben . . .

Sie nehmen daher das Angebot des Verkäufers, Ihnen einen Druck für 20,– DM zu verkaufen, an.

■ Um welche Art von Schuld handelt es sich?

▷ Um eine Gattungsschuld!

■ Welchen Leistungsgegenstand schuldet der Schuldner bei der Gattungsschuld im Unterschied zur Stückschuld?

▷ Kein bestimmtes Stück, sondern irgendein gleichwertiges Exemplar aus derselben Gattung. Um Mißverständnissen vorzubeugen, mit denen bei einer Stückschuld in der Regel nicht zu rechnen ist, hat der Gesetzgeber das Wesen der Gattungsschuld im BGB umschrieben: lesen Sie § 243 Abs. 1!

2. Wahlschuld

Der Vollständigkeit halber müssen wir neben der Stück- und der Gattungsschuld auch die »Wahlschuld« erwähnen. Sie ist zwar in der Praxis von untergeordneter Bedeutung, aber immerhin im BGB geregelt, und zwar in § 262 (lesen).

■ Versuchen Sie, sich einen Fall vorzustellen, in dem eine Wahlschuld vorliegen kann!

▷ Die Wahlschuld kommt, wie gesagt, recht selten, z. B. aber im Bereich der Landwirtschaft vor:
Wenn ein Landwirt Land pachtet, wird bisweilen mit dem Verpächter vereinbart, daß der Pächter den Pachtzins wahlweise in Geld oder Naturalien zu entrichten hat. Der Pächter kann als Schuldner nach § 262 wählen, ob er die Pacht in Geld oder z. B. in Form einiger Zentner Mais oder Kartoffeln begleicht[58].

Eine Wahlschuld kann nicht nur vereinbart werden, sondern ist in einigen wenigen Fällen auch vom Gesetz vorgesehen[59]: so z. B. in § 179 Abs. 1, den Sie kennen und daher wissen, daß der Gläubiger von dem vollmachtlosen Vertreter wahlweise Erfüllung des Vertrages oder Schadensersatz verlangen kann.

3. Geldschuld

Zum Abschluß der Betrachtung der Schuldarten ist schließlich die Geldschuld zu nennen!

■ Würden Sie die Geldschuld als Gattungsschuld oder als Stückschuld einordnen?

▷ Im Regelfall ist die Geldschuld eine Gattungsschuld, und zwar auf Leistung von Geld in Höhe des Nennbetrages. Man spricht deshalb von einer Geldsummen- oder Geldwertschuld. Ausnahmsweise kann es sich bei einer Geldschuld um eine Stückschuld handeln.

■ Können Sie sich einen solchen Fall vorstellen?

▷ Wenn bestimmte Münzen zu Sammlerzwecken geschuldet werden . . .

Die Geldschuld ist nicht nur hinsichtlich ihrer Zuordnung zur Gattungsschuld oder Stückschuld eine Art »Zwitter«, sondern auch bezüglich ihrer Zuordnung zu unserer Grobeinteilung der Schuldarten:

Sie läßt sich nicht nur den *Schuldarten nach dem Gegenstand der Leistung* zuordnen, sondern auch *nach dem Ort der Leistungshandlung.*

■ Zu welcher Schuldart würden Sie im letzten Fall die Geldschuld im Zweifel einordnen?

▷ Zur Schickschuld! Das ergibt sich aus der ausdrücklichen Formulierung von § 270 Abs. 1, den Sie abschließend lesen müssen. –

58 vgl. BGH NJW 1962, S. 1568
59 vgl. *Jauernig,* § 262, Anm. 1 b)

Verschaffen Sie sich über die Schuldarten einen Überblick anhand von Übersicht 6 (auf Seite 49).

IV. Die Leistungszeit

Sofern die Parteien einen bestimmten Zeitpunkt für die Leistung nicht vereinbart haben, ist im Regelfall *sofort* zu leisten. Dies folgt aus § 271 (Abs. 1), ebenso wie der Grundsatz, daß die Bestimmung des Zeitpunktes der Leistung in einem Schuldverhältnis der freien Vereinbarung der Parteien[60] unterliegt (Abs. 2) – (lesen Sie § 271 ganz!).

»Sofort« i. S. v. § 271 Abs. 1 bedeutet, daß die Leistung so schnell zu erbringen ist, wie dies dem Schuldner unter den jeweiligen Umständen möglich ist[61]. Aus § 271 folgt, daß bei der Leistungszeit begrifflich zwei Zeitpunkte zu unterscheiden sind: Der Zeitpunkt der Fälligkeit und der Zeitpunkt der Erfüllbarkeit[62].

Der Fälligkeitszeitpunkt stellt darauf ab, daß der Gläubiger die Leistung von nun an verlangen kann. Leistet der Schuldner zum Fälligkeitszeitpunkt nicht, kommt er unter bestimmten Voraussetzungen in *Verzug*[63].

»Zeitpunkt der Erfüllbarkeit« bedeutet, daß der Schuldner von nun an leisten darf und der Gläubiger durch die Nichtannahme der angebotenen Leistung in Annahmeverzug[63] gerät.

60 **Daran ändert auch die Tatsache nichts, daß einige Vorschriften des Besonderen Schuldrechts bestimmte Leistungszeiten festlegen, so z. B. §§ 551, 584 (Miete, Pacht), 604 (Leihe), 608 (Darlehen). Wenn Sie diese Vorschriften zur ersten Information einmal lesen, merken Sie leicht, daß es sich um dispositives Recht handelt – oder zahlen Sie Ihre Miete erst am Ende des Monats?**

61 vgl. *Creifelds*, S. 729

62 vgl. *Palandt/Heinrichs*, § 271, Rdnr. 1

63 dazu im fünften Kapitel mehr

Übersicht 6:

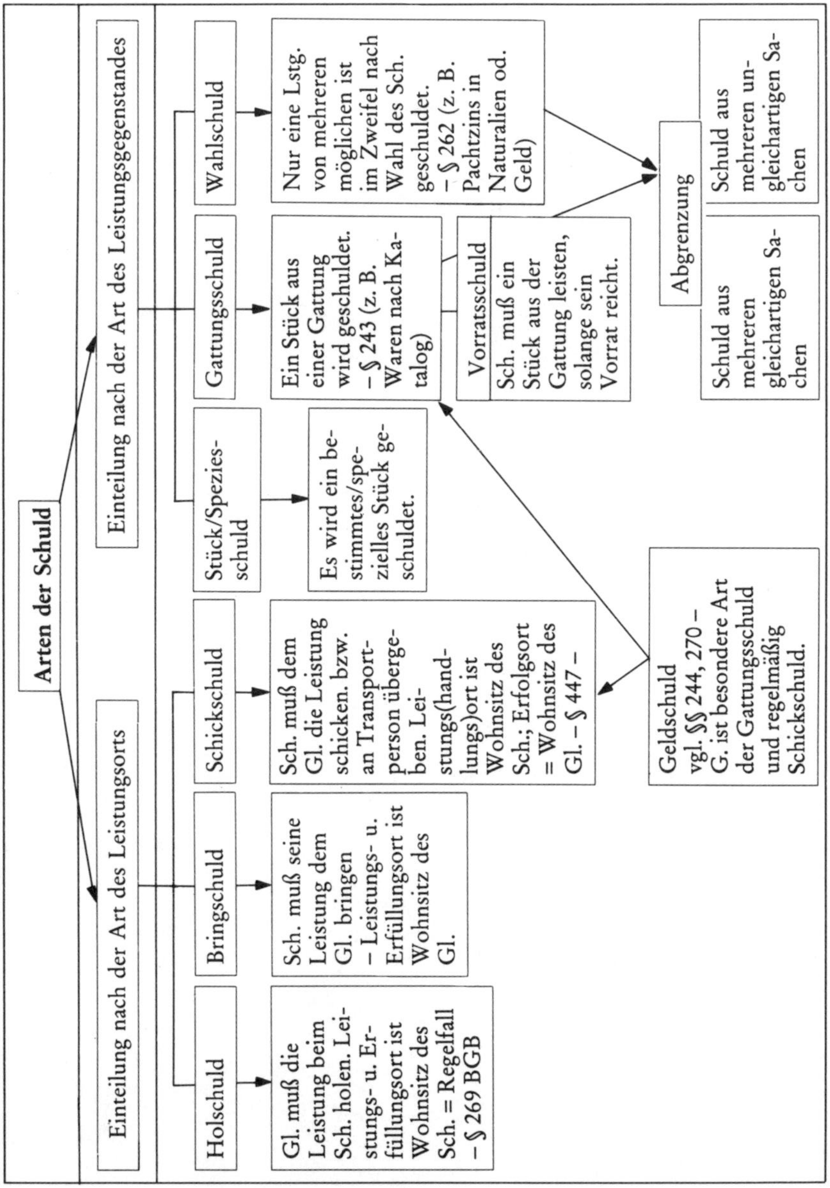
Arten der Schuld
Einteilung nach der Art des Leistungsorts
Einteilung nach der Art des Leistungsgegenstandes
Holschuld
Gl. muß die Leistung beim Sch. holen. Leistungs- u. Erfüllungsort ist Wohnsitz des Sch. = Regelfall – § 269 BGB
Bringschuld
Sch. muß seine Leistung dem Gl. bringen – Leistungs- u. Erfüllungsort ist Wohnsitz des Gl.
Schickschuld
Sch. muß dem Gl. die Leistung schicken. bzw. an Transportperson übergeben. Leistungs(handlungs)ort ist Wohnsitz des Sch.; Erfolgsort = Wohnsitz des Gl. – § 447 –
Stück/Speziesschuld
Es wird ein bestimmtes/spezielles Stück geschuldet.
Gattungsschuld
Ein Stück aus einer Gattung wird geschuldet. – § 243 (z. B. Waren nach Katalog)
Vorratsschuld
Sch. muß ein Stück aus der Gattung leisten, solange sein Vorrat reicht.
Wahlschuld
Nur eine Lstg. von mehreren möglichen ist im Zweifel nach Wahl des Sch. geschuldet. – § 262 (z. B. Pachtzins in Naturalien od. Geld)
Abgrenzung
Schuld aus mehreren gleichartigen Sachen
Schuld aus mehreren ungleichartigen Sachen
Geldschuld vgl. §§ 244, 270 – G. ist besondere Art der Gattungsschuld und regelmäßig Schickschuld.

Literatur zur Vertiefung (3. Kapitel):

Alpmann und Schmidt	Schuldrecht AT 1, S. 3–9
Brox	Allg. SchR, §§ 5–8
Klunzinger	§§ 24–26
Larenz	Schuldrecht I, § 14 IV, V
Löwisch	Schuldrecht AT, § 3

4. Kapitel: Erlöschen (Beendigung) von Schuldverhältnissen

I. Erfüllung

Wenn zwei Parteien ein Schuldverhältnis begründen, wobei sie (s. o.) meistens einen Vertrag schließen, gehen sie im Normalfall davon aus, daß der Vertrag von der anderen Seite ordnungsgemäß erfüllt wird. Beide Parteien sind einander zu einer Leistung berechtigt oder verpflichtet und haben Interesse an einer reibungslosen Abwicklung des Schuldverhältnisses. Solange die Verpflichtungen aus einem wirksamen Schuldverhältnis vereinbarungsgemäß und ordentlich erfüllt werden, tauchen keine rechtlichen Probleme auf. Das Gesetz kennt folgende Erlöschensgründe:

1. Erfüllung durch Leistung

■ Was geschieht mit dem einmal wirksam begründeten Schuldverhältnis, wenn jeder als Schuldner dem anderen als Gläubiger seine Leistung erbracht hat, wenn er (den Vertrag) also erfüllt hat?

▷ In diesem Fall endet das Schuldverhältnis oder, wie das Gesetz es ausdrückt: »Das Schuldverhältnis erlischt, wenn die geschuldete Leistung an den Gläubiger bewirkt wird.«

■ Suchen Sie die entsprechende Vorschrift selbst im Gesetz! Wenden Sie Ihr bereits vorhandenes Wissen über die Handhabung des Gesetzestextes an. Wo suchen Sie?

▷ Entweder im Inhaltsverzeichnis (zum zweiten Buch des BGB) oder im »Index« unter dem Stichwort . . . (?) . . . »Erlöschen«! In beiden Fällen werden Sie auf bestimmte Vorschriften über das »Erlöschen der Schuldverhältnisse« hingewiesen: §§ 362–397!
Lesen Sie die erste Vorschrift davon – § 362 Abs. 1! Unter der Paragraphenüberschrift »Erlöschen durch Leistung« finden Sie die Formulierung, die Sie oben gelesen haben. § 362 ist die erste Vorschrift des ersten Titels im dritten Abschnitt des Allgemeinen Schuldrechts. Sie sehen, daß der dritte Abschnitt mit der Überschrift »Er-

löschen der Schuldverhältnisse« versehen ist. Der erste Titel trägt die Überschrift »Erfüllung«. Die »Erfüllung« ist *eine* der Möglichkeiten, ein Schuldverhältnis zum Erlöschen zu bringen. Es gibt noch andere Möglichkeiten des Erlöschens.

■ Drei davon finden Sie, wenn Sie die Titel des dritten Abschnittes in Ihrem Gesetzestext überfliegen (Tun Sie das!).

▷ Hinterlegung, Aufrechnung, Erlaß!

2. »Leistung an Erfüllungs Statt«

Was es mit diesen drei Erlöschensgründen auf sich hat, wollen wir gleich näher betrachten. Zuvor aber noch etwas zur »Erfüllung«, zu den §§ 362 ff. Das Gesetz nennt dort einen weiteren Erlöschensgrund für das Schuldverhältnis, der der Erfüllung gleichgesetzt wird (Überschriften überfliegen!).

■ Welchen meine ich?

▷ § 364 Abs. 1: »Annahme an Erfüllungs Statt«.
Lesen Sie § 364 Abs. 1 genau durch!

■ Was ist Ihrer Meinung nach das Entscheidende, damit das Schuldverhältnis erlöschen kann?

▷ Der Gläubiger muß eine andere als die geschuldete Leistung *annehmen.*

Beispiel:
Ein Gebrauchtwagenverkäufer liefert dem Käufer anstelle des ursprünglich gekauften Modells ein anderes Modell des gleichen Typs. Das Schuldverhältnis erlischt nur, wenn der Käufer damit ausdrücklich einverstanden ist.

II. Hinterlegung

Als nächsten Erlöschensgrund hatten wir die Hinterlegung genannt, geregelt in den §§ 372 ff. Lesen Sie § 372!

■ Welches ist die wesentliche Voraussetzung dafür, daß der Schuldner das Schuldverhältnis durch Hinterlegung beenden kann?

▷ Annahmeverzug des Gläubigers! (Auf diese Art des Verzuges kommen wir später zu sprechen.)

Der Schuldner hat im Annahmeverzug des Gläubigers die Möglichkeit, sich durch Hinterlegung des geschuldeten Leistungsgegenstandes – in der Regel beim Amtsgericht – von seiner Leistungspflicht zu befreien. Allerdings sind nur bestimmte Gegenstände hinterlegungsfähig, nämlich Geld, Wertpapiere, sonstige Urkunden und Kostbarkeiten. Alle übrigen Sachen, z. B. auch leicht verderbliche Ware, kann der Schuldner versteigern lassen und den Erlös hinterlegen (§ 383 Abs. 1 – lesen!).

III. Aufrechnung

Lesen Sie § 387!

■ Welches sind die wesentlichen drei Voraussetzungen, damit eine der Vertragsparteien aufrechnen kann?

(Bevor Sie weiterlesen, versuchen Sie selbst, diese drei Voraussetzungen aus dem Gesetzestext herauszulesen und niederzuschreiben!) –

▷ 1. Jeder Vertragspartner muß eine Forderung gegen den anderen haben (= *Gegenseitigkeit* der Forderung)

2. Die Forderungen müssen *gleichartig* sein.

3. *Fälligkeit* der Forderungen.

Aufrechnung ist die Tilgung einer Forderung durch Ausgleichung mit einer Gegenforderung. In der Regel handelt es sich bei den Forderungen um Geldforderungen.

Beispiel:

A steht eine fällige Forderung aus einem Kaufvertrag auf Zahlung von 1 000,– DM gegen B zu. B steht gegen A eine fällige Forderung in Höhe von 800,– DM aus einem Darlehensvertrag zu:

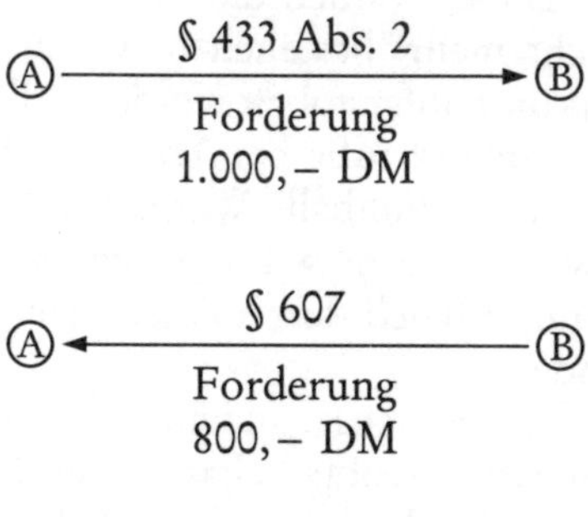

Jeder ist Schuldner und Gläubiger des anderen und zur Aufrechnung berechtigt, da beide Forderungen gleichartig (Geld) und fällig sind.

■ Was passiert, wenn einer der beiden gem. § 388 die Aufrechnung erklärt?

▷ Gem. § 389 erlöschen die Forderungen in Höhe ihrer betragsmäßigen Übereinstimmung (»soweit sie sich decken«).
B kann die Forderung des A von 1000,– DM dadurch zum Erlöschen bringen, daß er für 800,– DM die Aufrechnung erklärt und 200,– DM bar bezahlt.

(Lesen Sie § 388 und § 389!)

IV. Erlaß

Lesen Sie § 397!

■ Was ist gem. § 397 Abs. 1 Voraussetzung für den Erlaß der Schuld bzw. für das Erlöschen des Schuldverhältnisses?

▷ Ein Vertrag! Es müssen Angebot und Annahme des Schuldenerlasses vorliegen.

■ Warum genügt es nicht, daß nur der Gläubiger dem Schuldner großzügig erklärt: »Ich erlasse Dir Deine Schuld«?

▷ »Ganz einfach«: Niemand darf nach dem Schuldrecht des BGB, in dem die Vertragsfreiheit gilt, zu seinem Glück gezwungen werden (vgl. Schenkung[64])!

Neben dem Schulderlaß durch Erlaßvertrag gibt es eine weitere Form des Erlasses: den aufgrund der Vertragsfreiheit zulässigen »Aufhebungsvertrag«, der in § 397 Abs. 2 nicht so bezeichnet wird, aber dort seine Grundlage hat. Dabei können die Parteien vereinbaren, daß ein Schuldverhältnis (nicht mehr) bestehen bzw. ein bestehendes Schuldverhältnis für die Zukunft aufgehoben werden soll.

Solche Verträge kommen häufig bei Arbeitsverhältnissen vor. Typisches Beispiel ist der Profi-Fußball: Wenn ein Verein einen Trainer oder Spieler am liebsten »feuern« will und diesen das wissen läßt, wird der bestehende Vertrag offiziell durch einen »einvernehmlichen« Aufhebungsvertrag beendet.

Außer diesen fünf Erlöschensgründen, die das BGB gesondert im dritten Abschnitt des Schuldrechts behandelt und ausdrücklich als solche bezeichnet, gibt es eine Reihe weiterer Erlöschensgründe, auf die wir an späterer Stelle ausführlicher zu sprechen kommen. Der Voll-

64 § 516 – lesen!

ständigkeit halber habe ich sie in Übersicht 7, mit der wir die »Beendigung von Schuldverhältnissen« zusammenfassend betrachten wollen, mit aufgeführt.

Literatur zur Vertiefung (4. Kapitel):

Brox	Allg. SchR, §§ 13 – 16
Klunzinger	§ 32
Löwisch	Schuldrecht AT, §§ 5 – 7
Medicus	Schuldrecht I AT, §§ 23 – 27
Merle	Der unsorgfältige Elektriker; Jura 1990, S. 536 ff. (Klausur)
Westermann	Schuldrecht AT, § 20

Übersicht 7:

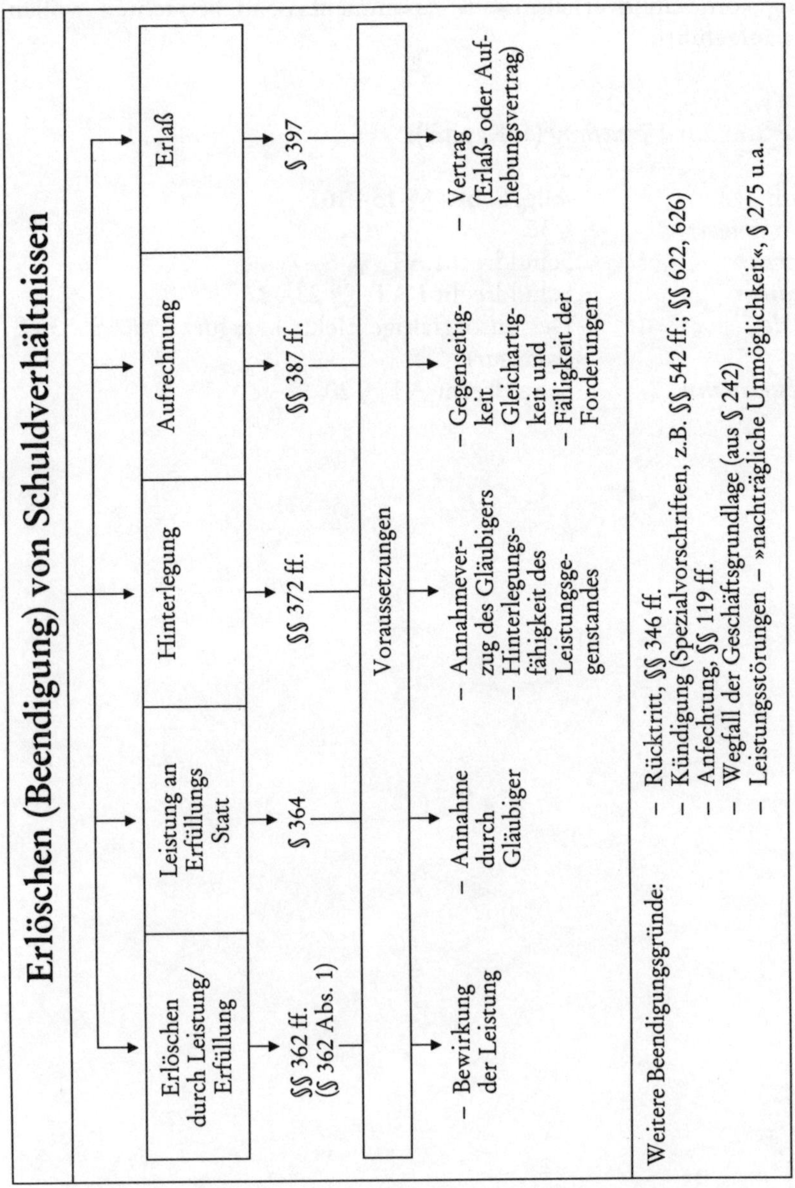
Erlöschen (Beendigung) von Schuldverhältnissen
Erlöschen durch Leistung/Erfüllung
Leistung an Erfüllungs Statt
Hinterlegung
Aufrechnung
Erlaß
§§ 362 ff. (§ 362 Abs. 1)
§ 364
§§ 372 ff.
§§ 387 ff.
§ 397
Voraussetzungen
– Bewirkung der Leistung
– Annahme durch Gläubiger
– Annahmeverzug des Gläubigers
– Hinterlegungsfähigkeit des Leistungsgegenstandes
– Gegenseitigkeit
– Gleichartigkeit und
– Fälligkeit der Forderungen
– Vertrag (Erlaß- oder Aufhebungsvertrag)
Weitere Beendigungsgründe:
– Rücktritt, §§ 346 ff.
– Kündigung (Spezialvorschriften, z.B. §§ 542 ff.; §§ 622, 626)
– Anfechtung, §§ 119 ff.
– Wegfall der Geschäftsgrundlage (aus § 242)
– Leistungsstörungen – »nachträgliche Unmöglichkeit«, § 275 u.a.

5. Kapitel: Störungen von Schuldverhältnissen (Leistungsstörungen)

I. Überblick – Grundfälle der Leistungsstörungen

Als letzter Erlöschensgrund von Schuldverhältnissen sind auf Übersicht 7 die »Leistungsstörungen« angeführt. Leistungsstörungen können, müssen aber nicht immer ein Schuldverhältnis beenden!

Aus diesem Grund sind sie in dem Kapitel »Erlöschen der Schuldverhältnisse« nicht mit erörtert worden[65].

Der Begriff »Leistungsstörungen« besagt, daß die Abwicklung des Schuldverhältnisses nicht reibungslos vonstattengeht, sondern daß dabei Störungen auftreten. Störungen, die die ordnungsgemäße Leistung des Schuldners verhindern oder zumindest beeinträchtigen. Ordnungsgemäß ist eine Leistung nach dem, was Sie bisher über den Inhalt der Schuldverhältnisse und die Leistungspflichten gelernt haben, wenn sie *am richtigen Ort*, in der *gehörigen Art und Weise* und *zur rechten Zeit* erbracht wird.

Ist dies nicht der Fall, liegt regelmäßig eine Leistungsstörung vor! Dabei sind (bezüglich der Schuldner-Leistung) folgende drei Grund-Situationen möglich:

(1) Der Schuldner erbringt seine *Leistung später* als von den Parteien vereinbart, also *nicht rechtzeitig*.

Beispiel:
V und K schließen am 1. 3. 1993 einen Kaufvertrag über einen PKW. Die Übergabe und Eigentumsverschaffung, die Übereignung nach § 929 also, soll am 3. 3. erfolgen. V vergißt diesen Termin und liefert erst am 6. 3. K brauchte das Auto dringend für eine Geschäftsreise und mußte sich dazu einen Mietwagen nehmen.

(2) Der Schuldner ist *überhaupt nicht* in der Lage, die vertraglich vereinbarte Leistung zu erbringen.

65 Auch das BGB nennt im dritten Abschnitt des zweiten Buches (§§ 362–367) die »Leistungsstörungen« nicht; im Gesetz wird dieser von der Rechtslehre entwickelte Begriff übrigens gar nicht verwendet. Das Gesetz normiert die einzelnen Leistungsstörungen an sehr verschiedenen Stellen und zum Teil – wie wir sehen werden – überhaupt nicht!

Beispiel:
Wieder verkauft V dem K am 1. 3. 1993 einen PKW. Die Übereignung soll am 6. 3. erfolgen. Am 3. 3. explodiert bei V ein Gasrohr. Dabei wird der für K bestimmte Pkw völlig zerstört. V ist nicht mehr in der Lage, dem K diesen Pkw zu übereignen.

(3) Der Schuldner erbringt die ihm obliegende Leistung, und zwar pünktlich, er *erfüllt* aber seine Verpflichtung *schlecht.*

Beispiel:
V verkauft dem K einen neuen Pkw und erfüllt den Kaufvertrag, indem er dem K das Auto übergibt und ihm das Eigentum daran verschafft. Das Auto hat jedoch eine mangelhafte Bremsanlage. K verunglückt auf seiner ersten Fahrt und erleidet erhebliche Verletzungen.

Entsprechend diesen drei Beispielen teilt man die Leistungsstörungen in drei Gruppen ein:

1. *Späterfüllung:* Entweder ist der Schuldner mit seiner Leistungserbringung, wie das Gesetz es nennt, in »Verzug«, oder die Erfüllung erfolgt später als vorgesehen, weil der Gläubiger mit der Annahme in Verzug geraten ist.
2. *Nichterfüllung:* Die Leistung ist dem Schuldner unmöglich geworden (»Unmöglichkeit der Leistung«), weil der Leistungsgegenstand verlorengegangen oder zerstört worden ist.
3. *Schlechterfüllung:*
   a) Der Leistungsgegenstand, z. B. die Kaufsache selbst, hat einen Mangel.
   b) Durch die Schlechterfüllung (in Form von Lieferung eines fehlerhaften Leistungsgegenstands *oder* aufgrund eines anderen Fehlverhaltens des Schuldners) entsteht ein Schaden an anderen Rechtsgütern des Vertragspartners.

II. Schuldnerverzug

■ Wann liegt nach dem, was Sie eben gelesen haben, Verzug vor?

▷ Wenn der Schuldner seine Leistung nicht rechtzeitig, d. h. später als vereinbart oder gesetzlich vorgeschrieben, erbringt.
Mit anderen Worten: Der Schuldner gerät zu dem Zeitpunkt in Verzug, zu dem seine Leistung *fällig* wird, er die Leistung aber noch nicht erbracht hat. Daraus folgt: Er *kann* die Leistung zu diesem Zeitpunkt noch erbringen, jedoch *zu spät!* Die Leistung ist ihm

noch möglich. Daraus ergibt sich eine ganz wichtige Folgerung, die Sie sich unbedingt merken müssen und auf die Sie nach dem eben Gesagten vielleicht auch selbst kommen können:

■ Ist es denkbar, daß in einem Fall die Leistungsstörungen »Schuldnerverzug« und »Unmöglichkeit« bezüglich desselben Leistungsgegenstandes gleichzeitig vorliegen können?

▷ Da beim Verzug die Leistung gerade noch möglich ist, nur nicht termingerecht, kann neben Verzug niemals gleichzeitig Unmöglichkeit vorliegen. Entweder – oder! Verzug und Unmöglichkeit schließen sich *bezüglich desselben Leistungsgegenstandes* grundsätzlich aus[66].

Merken Sie sich unbedingt: *Wenn* Schuldnerverzug vorliegt, kann keine Unmöglichkeit vorliegen und umgekehrt!

(Etwas anderes ist es, wenn der Schuldner bereits in Verzug ist und währenddessen die Leistung unmöglich wird.)

Die gesetzliche Regelung des Schuldnerverzuges soll folgender Fall verdeutlichen:

Übungsfall 5	
V verkauft dem K am 1. 3. 1993 einen PKW. Am 3. 3. 1993 soll vereinbarungsgemäß bei K die Übereignung erfolgen. V vergißt diesen Liefertermin. Deshalb muß sich K für eine dringende Geschäftsreise am 4. 3. einen Mietwagen nehmen und dafür 150,– DM aufwenden. Als V am 6. 3. verspätet liefert, verlangt K von V Ersatz dieser Mietwagenkosten. Zu Recht?	

Wir wollen diesen Fall Schritt für Schritt gutachtlich lösen!

■ Was benötigen wir, um prüfen zu können, ob dem K der gegen V geltend gemachte Anspruch zusteht?

▷ Eine Anspruchsgrundlage! (Wenn Sie diese Antwort nicht gewußt haben, so empfehle ich Ihnen dringend die Lektüre von Band I dieser Grundzüge, S. 80–82 und 113–120 . . .)

Dazu müssen wir den von K geltend gemachten Anspruch rechtlich einordnen. Wir fragen »Was will K von V?« und knüpfen dabei an die Fallfrage an.

66 So klar und einleuchtend das erscheint, Sie können sich kaum vorstellen, wie häufig in juristischen Anfänger-Klausuren das Eingreifen der Verzugsregeln neben den Vorschriften über die Unmöglichkeit kumulativ bejaht wird! Tun Sie dies bitte nie!

■ Was also will K von V?

▷ Ersatz der Mietwagenkosten, die er aufwenden mußte, weil V zu spät geliefert hat. Anders ausgedrückt: K verlangt von V einen Schaden in Höhe von 150,– DM ersetzt.

■ Wodurch ist dieser Schaden entstanden?

▷ Durch die zu späte Lieferung des Autos. Mit anderen Worten: Durch *Verzug* des V!

■ Wie würden Sie den Schaden des K bezeichnen?

▷ Es handelt sich um einen »Verzugsschaden«!

Wir suchen daher für die Lösung unseres Falles eine Anspruchsgrundlage, aus der ein Anspruch des Gläubigers gegen den Schuldner auf Ersatz von Verzugsschaden folgt.

■ Suchen Sie selbst im »Index« nach der möglichen Vorschrift!

▷ Wenn Sie unter dem Stichwort »Verzugsschaden« nachschlagen, finden Sie »**1*** 286 ff.«. Lesen Sie § 286 Abs. 1 ! Was dort formuliert ist, könnte das Ergebnis von Fall 5 sein, welches wir deshalb in einem schriftlichen Gutachten als möglich voranstellen würden.

■ Formulieren Sie den ersten Satz dieses Gutachtens selbst (auf ein Blatt schreiben!). Sinngemäß müßte er lauten:

▷ »K könnte gegen V einen Anspruch auf Ersatz der Mietwagenkosten gem. § 286 Abs. 1 haben.«

■ Welches ist der zweite Schritt bei der gutachtlichen Prüfung?

▷ Prüfung der Voraussetzungen der Anspruchsgrundlage!

Der Anspruch auf Ersatz des Verzugsschadens gem. § 286 Abs. 1 hat drei Voraussetzungen.

■ Welche sind das? Versuchen Sie wieder selbst, diese Voraussetzungen aus dem Gesetz herauszulesen!

▷ (1) Zwischen K und V muß ein *Schuldverhältnis* bestehen
(2) V müßte als *Schuldner* mit der Leistung in *Verzug* geraten sein
(3) K als Gläubiger müßte *durch den Verzug* ein *Schaden* entstanden sein.

■ Besteht in unserem Fall ein Schuldverhältnis?

▷ K und V haben am 1. 3. einen Kaufvertrag i. S. v. § 433 geschlossen.

■ Welche Leistung hatte der Schuldner V zu erbringen, um den Vertrag zu erfüllen?

* Die fettgedruckte **1** bezeichnet das Gesetz »Nr. 1« (= BGB) in der (dtv–) Gesetzessammlung.

▷ Gemäß § 433 Abs. 1 S. 1 die Übergabe des Autos und die Eigentumsverschaffung (§ 929 S. 1) am Pkw.

■ Ist er mit dieser Leistung in Verzug gekommen? (Überlegen Sie!)

▷ Ja!

■ Woher wissen Sie das? Wo steht das?

▷ Nicht in § 286! Diese Vorschrift setzt den Verzug bereits voraus, sagt aber nicht, unter welchen Voraussetzungen der Schuldner in Verzug gekommen ist!

1. Voraussetzungen

Wenn § 286 bereits davon ausgeht, daß der Schuldner in Verzug geraten ist, muß sich eine Regelung darüber, wie und wann der Schuldner in Verzug kommt, sinnvollerweise *vor* dieser Vorschrift befinden! Lesen Sie § 284 Abs. 1 und versuchen Sie,

■ daraus die Voraussetzungen herzuleiten, die erfüllt sein müssen, damit der Schuldner in Verzug kommt. –

▷ Dies sind – richtig geordnet – grundsätzlich folgende Voraussetzungen:

a) Fälligkeit der Leistung

Für die Fälligkeit der Leistung des Schuldners gilt § 271 Abs. 1 (lesen!), wonach die Leistung »sofort« fällig wird, wenn von den Parteien nichts anderes bestimmt ist. K und V haben den 3. 3. als Liefertermin vereinbart. An diesem Tag war die Leistung des V fällig.

b) Mahnung

Allein die Fälligkeit führt nach § 284 Abs. 1 S. 1 nicht zum Verzug des Schuldners; der Schuldner muß im Regelfall gemahnt werden. Durch die Mahnung, d. h. die an den Schuldner gerichtete, eindeutige Aufforderung des Gläubigers, die geschuldete Leistung zu erbringen[67], soll der Schuldner darauf hingewiesen werden, daß die weitere Leistungsverzögerung für ihn rechtliche (nachteilige) Folgen haben kann.

■ Ist V auf diese Weise in Verzug geraten?

▷ K hat nicht gemahnt!

67 vgl. *Palandt/Heinrichs,* § 284, Rdnr. 15

■ Also hat K Pech gehabt und kann keinen Schadenersatz verlangen?

▷ Die Antwort gibt das Gesetz in § 284 Abs. 2 S. 1 (lesen!).

■ Paßt diese Vorschrift auf unseren Fall?

▷ V und K hatten einen Termin für die Leistung, eine Zeit nach dem Kalender, bestimmt, nämlich den 3. 3.!
V kam deshalb ohne Mahnung in Verzug, da er nicht zu der bestimmten Zeit (3. 3.) leistete.

■ Welche Voraussetzung für den Verzug muß gem. § 284 Abs. 1 neben der Fälligkeit und der Mahnung schließlich noch vorliegen (Vorschrift nochmals lesen!)?

▷ *c) Nichtleistung*

Entgegen dem Wortlaut von § 284 Abs. 1 S. 1 kommt der Schuldner, der trotz Fälligkeit der möglichen Leistung (nach Mahnung oder wegen Nichteinhaltung eines kalendermäßig bestimmten Termins) nicht leistet, subjektiv (noch) nicht in Verzug! Das erscheint widersprüchlich, ergibt sich aber aus dem Gesetz selbst, das noch eine vierte Voraussetzung für den Schuldnerverzug aufstellt:

d) Vertretenmüssen (Verschulden)

Lesen Sie § 285! »Vertretenmüssen« bedeutet hier, wie sich aus der Überschrift dieses Paragraphen ergibt, etwa das gleiche wie »Verschulden«[68], genauer: »Haftung für Verschulden«. Unter welchen Voraussetzungen jeder Schuldner im Schuldrecht allgemein zu haften hat, bestimmt § 276 (Abs. 1 lesen und § 276 am Rand neben § 285 im Gesetzestext notieren). Ein (haftungsbegründender) Verzug des Schuldners liegt vor, wenn er die Verspätung der Leistung vorsätzlich oder fahrlässig herbeigeführt hat. Was »Fahrlässigkeit« bedeutet, haben Sie eben selbst gelesen.

■ Hat in Fall 5 V die Nichtleistung verschuldet? (»Subsumieren« Sie den Sachverhalt unter das Gesetz!)

68 Merken Sie sich schon jetzt, daß der Satz »Kein Verzug ohne Verschulden« nur für den *Schuldner*verzug, nicht aber für den Annahmeverzug des *Gläubigers* gilt! Unterstreichen Sie sich als Lernhilfe in der Überschrift von § 285 das Wort *Verzug* und in der ersten Textzeile das Wort *Schuldner!*

▷ Indem V den Liefertermin (3. 3.) einfach »vergißt«, hat er die im Verkehr erforderliche Sorgfalt außer acht gelassen, d. h. fahrlässig i.S.v. § 276 Abs. 1 S. 2 gehandelt.

Alle vier Voraussetzungen für den Verzug des Schuldners V liegen vor.

Zugleich ist dadurch die zweite Voraussetzung unserer Anspruchsgrundlage (§ 286 Abs. 1) erfüllt (= *Verzug*).

■ Wie steht es mit der dritten Voraussetzung für den Schadensersatzanspruch? Ist »*durch* den Verzug« ein Schaden entstanden?

▷ Hätte V pünktlich geliefert, wären dem K die Mietwagenkosten erspart geblieben.

Ergebnis:
K hat gegen V einen Anspruch auf Ersatz der Mietwagenkosten in Höhe von 150,– DM als Verzugsschaden gem. § 286 Abs. 1 i. V. m. § 249 S. 1 (lesen).[69]

2. Rechtsfolgen

a) Ersatz des Verzugsschadens (inklusive Verzugszinsen)

Die Rechtsfolge, daß der Schuldner dem Gläubiger gem. § 286 Abs. 1 den aufgrund eines verschuldeten Verzuges eingetretenen Verzugsschaden ersetzen muß, haben Sie bei der Lösung von Fall 5 kennengelernt. Der Gläubiger ist vom Schuldner so zu stellen, wie er bei rechtzeitiger Leistung stehen würde[70]. Dies ergibt sich insbesondere aus den allgemeinen Vorschriften über den Umfang des Schadensersatzes, den §§ 249 ff.[70], von denen Sie noch einmal § 249 S. 1 lesen sollten!

Solche Schäden können, wie in Fall 5 die Mietwagenkosten, *Aufwendungen* sein, die der Gläubiger tätigen mußte, weil die Leistung des Schuldners nicht rechtzeitig erfolgte. Zu diesen Aufwendungen können z. B. gehören[71]: Kosten der Rechtsverfolgung (etwa wenn der

69 **Man kann nicht oft genug darauf hinweisen: Wenn ein Schadensersatzanspruch dem *Grunde* nach feststeht, müssen zur Feststellung der *Höhe* (des Umfangs) des Schadens die §§ 249 ff. herangezogen werden!**

70 vgl. *Palandt/Heinrichs*, § 286, Rdnr. 5

71 *Sollten Sie selbst einmal Verzugsgläubiger werden und weitere Beispiele suchen: vgl. Palandt/Heinrichs, § 286, Rdnr. 6–11, woher die hier genannten Beispiele entnommen sind.*

Gläubiger einen Rechtsanwalt beauftragt und – falls es sich bei der Leistung um eine Geldforderung handelt – ein gerichtliches Mahnverfahren[72] beantragt hatte), Mietkosten für eine Ersatzwohnung bei verspäteter Bereitstellung der angemieteten Wohnung, Kosten für ein Inkassobüro (falls kein Rechtsanwalt eingeschaltet wurde) oder auch ein entgangener Gewinn (vgl. dazu § 252 – zur Information lesen), weil der gewinnbringende Wiederverkauf des Leistungsgegenstandes wegen der verspäteten Leistung gescheitert ist. Darüber hinaus können bei Geldschulden zusätzlich Verzugszinsen unter den Verzugsschaden fallen (§ 288 – ganz lesen!).

b) Schadensersatz wegen Nichterfüllung

Meistens wird der Gläubiger noch ein Interesse an der verspäteten Erfüllung der Leistung haben, wenn er, wie in Fall 5, den reinen Verzugsschaden ersetzt bekommt. Denkbar sind durchaus Fälle, in denen der Gläubiger an einer verspäteten Erfüllung kein Interesse mehr hat:

Übungsfall 6
S, Student der Wirtschaftswissenschaften, war von dem großen BGB-Kommentar von Palandt so beeindruckt, daß er ihn durchlesen möchte . . .! Er leiht sich deshalb am 1. 3. von seinem Freund, Rechtsreferendar R, dessen veraltetes Exemplar des »Palandt«, das noch einen Wert von 90,– DM hat. Als Rückgabetermin wird der 30. 6. vereinbart, da R den »Palandt« für das vom 1. 7. bis 21. 7. laufende zweite juristische Staatsexamen selbst benötigt. S vergißt den Rückgabetermin und fährt für drei Wochen in die Ferien . . . Da es R nicht mehr gelingt, sich selbst irgendwo einen »Palandt« zu leihen, muß er sich einen gebrauchten Palandt – gleiche Auflage – kaufen und dafür 100,– DM zahlen. Als S am 22. 7. endlich das Buch zurückbringt, lehnt R die Rücknahme ab. Er verlangt stattdessen von S die Erstattung des Kaufpreises von 100,– DM, die er für das Ersatzexemplar ausgeben mußte. Zu Recht?

Die Anspruchsgrundlage, auf die R sich berufen könnte, ist § 286 Abs. 2 S. 1 (lesen!).

■ Welche Voraussetzungen müssen für einen Schadensersatzanspruch des Gläubigers vorliegen?

Bevor Sie weiterlesen, erinnern Sie sich daran, welche drei Voraussetzungen für den Anspruch aus § 286 Abs. 1 (= Verzugsschaden) erfüllt sein müssen, und stellen Sie anhand der Lektüre von § 286 Abs. 2 S. 1

72 *zur allg. Information: geregelt in §§ 688–703 d) der ZPO*

fest, welche Voraussetzung für den Anspruch auf Schadensersatz wegen Nichterfüllung aufgrund des Schuldnerverzuges noch hinzutritt!

▷ Der Anspruch aus § 286 Abs. 2 S. 1 ist unter vier Voraussetzungen begründet:
(1) Vorliegen eines Schuldverhältnisses
(2) Verzug des Schuldners (§ 284 und § 285 i. V. m. § 276!)
(3) *Kein Interesse des Gläubigers an der Leistungserfüllung*
(4) Schaden beim Gläubiger

Prüfen wir, ob diese Voraussetzungen in Fall 6 erfüllt sind!

■ Welches Schuldverhältnis besteht hier?

▷ Ein Leihvertrag i. S. d. §§ 598 ff. – § 598 lesen!

■ Welche Leistungspflicht hatte S als Schuldner? (Sie kennen die entsprechende Vorschrift schon[73]!)

▷ Die Rückgabepflicht nach § 604!

■ Ist S damit in Verzug gekommen?

▷ Eine Mahnung war für den Verzug neben der Fälligkeit nicht erforderlich, da der Zeitpunkt der Rückgabe nach dem Kalender bestimmt war – § 284 Abs. 1 S. 1 und Abs. 2 S. 1 (lesen!).

■ Liegt Verschulden (»Vertretenmüssen«) nach § 285 vor? (Überlegen Sie selbst; suchen Sie eine Begründung für Ihr Ergebnis!)

▷ Da S den Rückgabetermin »vergißt«, hat er die im Verkehr erforderliche Sorgfalt außer acht gelassen. Diese Fahrlässigkeit hat er gem. § 276 Abs. 1 (erneut lesen!) zu vertreten.

Dritte Voraussetzung für den Anspruch aus § 286 Abs. 2 S. 1 ist der Wegfall des Interesses des Gläubigers an der Leistung und seine darauf beruhende Ablehnungserklärung.

Bevor Sie die Frage beantworten können, ob das Interesse des R an der Leistung weggefallen ist, müssen Sie wissen, daß der Interessenwegfall nach objektiven Maßstäben zu beurteilen ist. Interessenwegfall liegt z. B. vor, wenn es dem Gläubiger nicht mehr zumutbar ist, die Leistung des Schuldners anzunehmen, weil er sie wegen der Verspätung nicht mehr verwenden kann[74].

■ Ist ein Interessenwegfall auf Seiten des R zu bejahen? (Begründen!)

▷ Verständlicherweise hat R, der sich dringend einen anderen »Palandt« kaufen mußte, um am Examen teilnehmen zu können, aus

73 *vgl. oben, S. 10*
74 *Beispiele für und gegen Interessenwegfall finden sich bei Palandt/Heinrichs, § 326, Rdnr. 21*

objektiver Sicht kein Interesse an der Rückgabe des verliehenen Exemplares. Was soll er mit den zwei dicken Büchern ...?

R kann deshalb, wie geschehen, die Leistung des S, die Rückgabe gem. § 604, ablehnen.

Damit die vierte Voraussetzung für den Anspruch auf Schadensersatz wegen Nichterfüllung gem. § 286 Abs. 2 S. 1 erfüllt ist, muß dem Gläubiger ein Schaden entstanden sein, den er ohne den Verzug des Schuldners nicht erlitten hätte.

■ Ist dies der Fall? Welcher Schaden liegt vor? (Denken Sie nach!)

▷ Wenn S pünktlich geliefert (= ordnungsgemäß erfüllt) hätte, hätte R die Ausgabe von 100,– DM erspart.

Als Schadensersatz kann R das sog. »Erfüllungsinteresse« verlangen, d. h. der Schuldner (S) hat den Gläubiger (R) so zu stellen, wie dieser ohne das schädigende Ereignis (hier: Verzug), d. h. bei ordnungsgemäßer Erfüllung, gestanden hätte (vgl. dazu § 249 S. 1 – lesen!).

■ Was wäre gewesen, wenn S das Buch pünktlich zurückgegeben hätte?

▷ R hätte sich kein anderes Buch kaufen müssen. Den Preis für *dieses* andere Buch muß S deshalb als Schadensersatz zahlen, während er den Palandt, der 90,– DM wert ist, behalten kann[75].

Der Anspruch des R gegen S gem. § 286 Abs. 2 ist begründet.

Da die Höhe des Schadens danach zu berechnen ist, wie der Gläubiger bei ordnungsgemäßer Erfüllung, also bei rechtzeitiger Leistung, stehen würde, ist darin auch der Verzugsschaden enthalten; der Gläubiger kann außer dem Schadensersatz wegen Nichterfüllung nicht einen zusätzlichen Verzugsschaden gem. § 286 Abs. 1 geltend machen[76]!

Die Vorschriften über den Schuldnerverzug, die wir bisher kennengelernt haben und die für alle Schuldverhältnisse (grundsätzlich auch für »gegenseitige« Verträge) gelten, sowie ihre Voraussetzungen und Wirkungen prägen Sie sich mit Hilfe von Übersicht 8 (Teil 1) ein:

75 vgl. *Brox*, Allg. SchR, Rdnr. 282

76 **Grundsätzlich ist der Gläubiger eines Schadensersatzanspruches verpflichtet, den eingetretenen Schaden so niedrig wie möglich zu halten = Schadensminderungspflicht gem. § 254 Abs. 2 S. 1 (lesen!). Ein Verstoß dagegen läge bei R vor, wenn er sich z. B. den »93er« »Palandt« für 188,– DM gekauft hätte ...**

Übersicht 8 (Teil 1):

Leistungsstörungen

I. Grundfälle der Leistungsstörungen

1. Der Schuldner erbringt seine *Leistung nicht rechtzeitig: Späterfüllung* = »*Verzug*«.
2. Der Schuldner ist *nicht in der Lage*, seine *Leistung zu erbringen: Nichterfüllung* = »*Unmöglichkeit*«.
3. Der Schuldner erbringt zwar seine Leistung, *erfüllt* aber *schlecht: Schlechterfüllung.*
   Möglichkeiten:
   a) Leistungsgegenstand, z.B. Kaufsache, hat einen Mangel (Rechtsfolgen: Siehe »Gewährleistungsrecht«, Teilband 2, S. 7 ff.)
   b) Durch Schlechterfüllung entsteht dem Gläubiger Schaden an anderen Rechtsgütern (Rechtsfolgen: Siehe »Positive Vertragsverletzung« = unten V, S. 104 ff.)

II. Voraussetzungen und Rechtsfolgen des Schuldnerverzuges

1. Allgemeine Regelungen für alle Schuldverhältnisse

Vorschriften: §§ 284–292

a) *Anspruchsgrundlage* für *Ersatz von Verzugsschaden:* § 286 Abs. 1
   – *Voraussetzungen:* (1) Schuldverhältnis
   (2) Verzug des Schuldners (§§ 284,285)
   – *Voraussetzungen des Verzuges:*
   (a) Fälligkeit der Leistung
   (b) Mahnung § 284 Abs. 1 S. 1
   oder Leistungstermin nach Kalender bestimmt § 284 Abs. 2 S. 1
   (c) Nichtleistung
   (d) Vertretenmüssen (Verschulden) – § 285 i. V. m. § 276
   (3) Schaden beim Gläubiger
   – *Rechtsfolge:* § 286 Abs. 1 → Ersatz des Verzugsschadens; Leistungsverpflichtung besteht weiter !
b) *Anspruchsgrundlage* für *Schadensersatz wegen Nichterfüllung:* § *286 Abs. 2*
   – *Voraussetzungen:* (1) (2) } wie bei § 286 Abs. 1!
   (3) Wegfall des Interesses an der Leistung
   (4) – wie (3) bei § 286 Abs. 1
   – *Rechtsfolge:* § 286 Abs. 2 → Schadensersatz wegen Nichterfüllung;
   Erlöschen der Leistungspflicht!

c) Erweiterte Haftung

Befindet sich der Schuldner mit der Leistung in Verzug und wird ihm dann aufgrund eines Umstandes, den er normalerweise mangels Verschuldens nicht zu vertreten hätte, die Leistung unmöglich, so muß er gem. § 287 Satz 2 (lesen!) für diese durch Zufall eingetretene Unmöglichkeit haften, »es sei denn, daß der Schaden auch bei rechtzeitiger Leistung eingetreten sein würde.«[77]

3. Besondere Regelungen für gegenseitige Verträge

a) Notwendigkeit der Sonderregelungen

Die wechselseitige Abhängigkeit der Verpflichtungen beider Vertragsparteien bei gegenseitigen Verträgen sowie der damit verbundene enge Zusammenhang von Leistung und Gegenleistung machten es erforderlich, besondere Vorschriften über das Schicksal der Gegenleistung in das Gesetz aufzunehmen.

Dies sind im Allgemeinen Schuldrecht die §§ 320–327, die im Besonderen Schuldrecht einige auf die dort geregelten speziellen Verträge zugeschnittene Abwandlungen erfahren. Die einschlägige Sondervorschrift für den Schuldnerverzug ist § 326, den Sie ganz lesen müssen.

Auch wenn Sie den Inhalt dieser Vorschrift nicht gleich in vollem Umfang erfaßt haben, werden Sie sicher gemerkt haben, daß über die *Voraussetzungen* des Verzuges keine Sonderregelung getroffen wird. § 326 geht (ähnlich wie § 286) vom Vorliegen des Verzuges aus und enthält für den gegenseitigen Vertrag nur Sonderregelungen bezüglich der *Rechtsfolgen* des Verzuges! *Ob* der Schuldner sich im Verzug befindet, was erst die Anwendung der Anspruchsgrundlage § 326 rechtfertigt, beurteilt sich nach den allgemeineren Vorschriften! (Welche sind das? Nachdenken![78])

Da § 326 »nur« vom Schadensersatz wegen Nichterfüllung spricht, *nicht* aber vom *Verzugsschaden*, gilt hierfür auch beim gegenseitigen Vertrag § 286 Abs. 1. *§ 326 verdrängt als Sonderregelung nur § 286 Abs. 2*, der ebenfalls vom Schadensersatz wegen Nichterfüllung spricht!

77 vgl. dazu Fall 12 in *meiner* »Anleitung zur Lösung von Zivilrechtsfällen« S. 75 ff.

78 §§ 284, 285!

Die Besonderheiten des Schuldnerverzuges beim gegenseitigen Vertrag vermittelt der nächste Übungsfall:

Übungsfall 7

Am 25. 2. 1993 verkauft V dem K seinen Golf-Diesel Baujahr '85, für 4 800,– DM. K zahlt sofort in bar. Die Übereignung soll am 1. 3. erfolgen. V vergißt den Liefertermin. Deshalb muß sich K für eine wichtige Fahrt am 2. 3. für 150,– DM einen Mietwagen leisten. Am 3. 3. fordert K den V zur Lieferung auf und setzt Frist bis zum 10. 3. mit dem Hinweis, daß er danach die Übereignung des Autos ablehne. Als V am 11. 3. immer noch nicht geliefert hat, kauft K sich einen anderen Golf-Diesel Baujahr '85, muß dafür allerdings 5 000,– DM zahlen. Welche Ansprüche kann K gegenüber V geltend machen?

b) Anspruchsvoraussetzungen

Um die Fallfrage zu beantworten, versetzen wir uns in die Situation des Anspruchstellers (K) und fragen deshalb:

■ Welche Ansprüche *möchte* K geltend machen?

▷ Da er an V bereits 4 800,– DM geleistet hat und für das andere Auto 5 000,– DM bezahlen mußte, will er sich diese 5 000,– DM sicherlich von V zurückholen! Außerdem will er die 150,– DM für den Mietwagen.

■ Welche Anspruchsgrundlage kommt dafür in Betracht?

▷ Als Anspruchsgrundlage für K kommt § 326 Abs. 1 in Betracht, dessen Voraussetzungen wir nun prüfen wollen.

■ Welche Voraussetzungen müssen vorliegen, damit die Rechtsfolgen von § 326 Abs. 1 eintreten können?
Versuchen Sie wieder selbst, die Anspruchsvoraussetzungen aus dem Gesetz (§ 326 Abs. 1 S. 1) herauszulesen und notieren Sie sie! (Erst dann weiterlesen !)

▷ (1) Es muß ein *gegenseitiger* Vertrag vorliegen!

■ Ist das der Fall?

▷ V und K haben einen Kaufvertrag i. S. v. § 433 (lesen!) geschlossen. Der Kaufvertrag ist ein gegenseitiger Vertrag, da die *Leistung* (Übergabe der Sache und Eigentumsverschaffung) nur erbracht wird, *damit* auch die *Gegenleistung* (Kaufpreiszahlung) erbracht wird.

■ Welche Voraussetzung muß weiterhin erfüllt sein?

▷ (2) Der Schuldner muß sich in *Verzug* befinden, und zwar – wegen der Gegenseitigkeit der Pflichten – mit einer Hauptleistungspflicht!

■ Liegt Verzug (§§ 284, 285!) vor?

▷ Die Lieferung war bereits am 1. 3. fällig; einer Mahnung nach § 284 Abs. 1 S. 1 bedurfte es nicht, da mit dem 1. 3. ein Termin nach dem Kalender bestimmt war (§ 284 Abs. 2 S. 1). V hat seine Leistung nicht erbracht, und dies geschah auch schuldhaft (§ 285), da er den Liefertermin vergaß (V handelte fahrlässig i. S. v. § 276 Abs. 1)[79].

■ Welche dritte Voraussetzung stellt § 326 Abs. 1 S. 1 auf, damit der Anspruch begründet ist?

▷ (3) Der Gläubiger muß dem Schuldner eine angemessene Leistungsfrist setzen und muß diese *Fristsetzung mit* der *Ablehnungsandrohung* verbinden, d. h. mit der Androhung, daß er nach Ablauf der Frist die Annahme der Leistung des Schuldners ablehne.

Auch diese dritte Voraussetzung ist erfüllt: K hat dem V am 3. 3. eine Lieferfrist bis zum 10. 3. gesetzt und darauf hingewiesen, daß er die Leistung danach ablehne.

(4) Die vierte Voraussetzung ist aus dem Wortlaut von § 326 Abs. 1 S. 1 unmittelbar nicht zu entnehmen, sie ist indessen für jeden Schadensersatzanspruch selbstverständlich.

■ Nämlich?

▷ Dem Gläubiger muß ein *Schaden* entstanden sein! Diese Voraussetzung ist ebenfalls erfüllt, da K für einen gleichwertigen »Golf« 200,– DM mehr aufwenden mußte als vorgesehen und 150,– DM für einen Mietwagen ausgeben mußte.

c) Rechtsfolgen

Gem. § 326 Abs. 1 S. 2 kann der Gläubiger beim Schuldnerverzug im gegenseitigen Vertrag wahlweise verschiedene Rechtsfolgen herbeiführen, sofern er die Fristsetzung mit Ablehnungsandrohung vorgenom-

79 Wenn Sie diesen Fall gutachtlich lösen müßten, sollten Sie diese Stichwortlösung natürlich sorgfältiger ausformulieren!

men hat[80]. *Statt* Erfüllung des Vertrages kann er Schadensersatz wegen Nichterfüllung verlangen oder vom Vertrag zurücktreten (§ 326 Abs. 1 S. 2 lesen!).

Macht der Gläubiger von dem ihm in § 326 Abs. 1 S. 2 gewährten gesetzlichen Rücktrittsrecht Gebrauch, finden gem. § 327 (lesen!) die Vorschriften der §§ 346 bis 356 (die Sie noch nicht lesen müssen) über das »vertragliche« Rücktrittsrecht entsprechende Anwendung. Die Ausübung des Rücktritts hätte zur Folge, daß bereits erbrachte Leistungen zurückzugewähren sind. K würde in diesem Fall seine 4 800,– DM zurückbekommen, nicht aber die mehraufgewendeten DM 200,– für den teureren »Ersatz-Golf« . . . Würde K Rücktritt wählen, könnte er allerdings den reinen Verzugsschaden, der bis zur Ausübung des Rücktritts entstanden ist, gem. § 286 Abs. 1 gesondert verlangen; denn dieser würde von § 326 Abs. 1 S. 2 nur umfaßt, wenn K Schadensersatz wegen Nichterfüllung wählt!

Wählt der Gläubiger im Falle des § 326 Abs. 1 S. 2 Schadensersatz wegen Nichterfüllung, ist er unter Heranziehung von § 249 S. 1 so zu stellen, wie er ohne den Eintritt des schädigenden Ereignisses (Verzug des Schuldners) stehen würde. Er ist folglich so zu stellen, als ob ordnungsgemäß (hier: rechtzeitig) erfüllt worden wäre[81].

■ Welchen Schaden kann K danach in Fall 7 von V verlangen?

▷ Den *gesamten* Schaden, der ihm durch die nicht rechtzeitige Erfüllung entstanden ist; also: 5 000,– DM (V hat ja noch 4 800,– DM!) Kaufpreis für den »Golf« sowie 150,– DM Mietwagenkosten gem. § 326 Abs. 1 S. 2.

Sofern beim Schuldnerverzug im gegenseitigen Vertrag die Erfüllung des Vertrages für den Gläubiger nicht mehr von Interesse ist, kann er die Rechte aus § 326 Abs. 1 S. 2 sofort geltend machen, ohne daß es einer Fristsetzung mit Ablehnungsandrohung bedarf (§ 326 Abs. 2 – lesen!). –

80 Gem. § 326 Abs. 1 S. 1 *kann* der Gläubiger beim Verzug des Schuldners die Fristsetzung mit Ablehnungsandrohung vornehmen. Er kann es auch sein lassen: Dann muß der Schuldner noch – verspätet – erfüllen, und der Gläubiger kann zudem den reinen Verzugsschaden nach § 286 Abs. 1 (!) verlangen. § 326 kommt in diesem Fall gar nicht zur Anwendung!

81 Wie bereits bei der Anwendung von § 286 Abs. 2 ist § 286 Abs. 1 neben § 326 nicht mehr anwendbar, wenn der Gläubiger als Stichtag für die Ermittlung des Schadensersatzes wegen Nichterfüllung den Verzugseintritt wählt (vgl. *Palandt/Heinrichs*, § 326, Rdnr. 26).

Wiederholen Sie die Sonderregelung für den Schuldnerverzug beim gegenseitigen Vertrag anhand von Übersicht 8 (Teil 2):

Übersicht 8 (Teil 2):

Leistungsstörungen
II. 2. Besondere Regelungen des Schuldnerverzugs für gegenseitige Verträge
– *Vorschriften:* §§ 326 (327) a) *Anspruchsgrundlage: § 326 Abs. 1* – *Voraussetzungen:* (1) Gegenseitiger Vertrag (2) Verzug des Schuldners (§§ 284, 285) (3) Fristsetzung mit Ablehnungsandrohung – *Rechtsfolge: Wahlrecht* des *Gläubigers* zwischen (a) Schadensersatz wegen Nichterfüllung (Umfang – §§ 249 ff. – »Erfüllungsinteresse« = Gläubiger ist so zu stellen, wie er stehen würde, wenn ordnungsgemäß (rechtzeitig) erfüllt worden wäre) und (b) Rücktritt vom Vertrag (§§ 327 → 346 ff.: Bereits ausgetauschte Leistungen sind zurückzugewähren; außerdem: reiner Verzugsschaden gem. § 286 Abs. 1) Der Anspruch auf Erfüllung des Vertrages ist in beiden Fällen ausgeschlossen.
b) *Anspruchsgrundlage: § 326 Abs. 2* – *Voraussetzungen:* (1), (2) } wie bei Abs. 1 (3) Wegfall des Interesses an der Leistung – *Rechtsfolge:* wie bei Abs. 1

Übersicht 8 (Teil 2) Fortsetzung:

3. Verhältnis von § 286 zu § 326

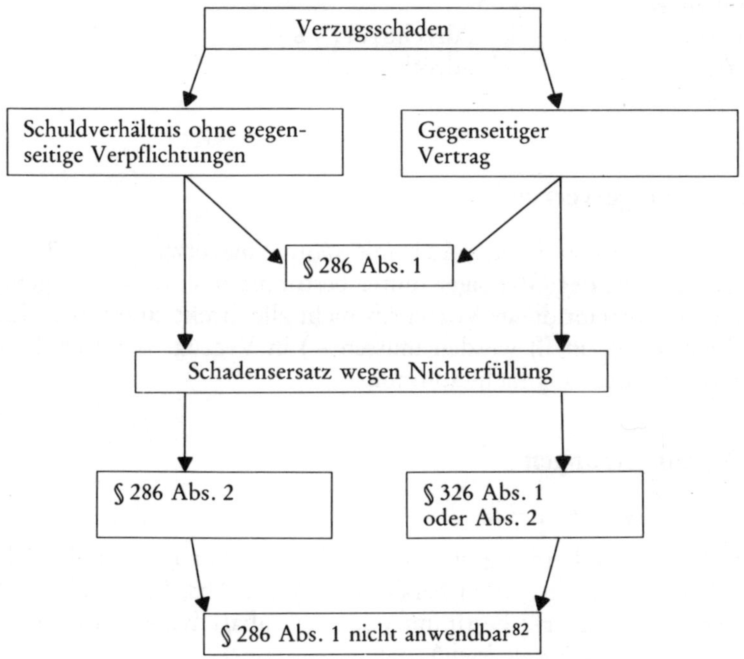

82 Nochmals: Wählt der Gläubiger Rücktritt statt Schadensersatz, kann er den reinen Verzugsschaden sehr wohl nach § 286 Abs. 1 gesondert geltend machen!

Literatur zur Vertiefung (5. Kapitel/II):

Brox	Allg. SchR, § 21
Klunzinger	§ 35
Löwisch	Schuldrecht AT, § 8
Medicus	Schuldrecht I, § 34

III. Gläubigerverzug

»Gläubigerverzug« ist identisch mit »Annahmeverzug«. Gemäß § 293 (lesen) kommt der Gläubiger (unter bestimmten Voraussetzungen, die aus dem Wortlaut dieser Vorschrift nicht alle direkt zu ersehen sind – und daher gelernt (!) werden müssen –) in Verzug, wenn er die ihm angebotene Leistung nicht annimmt.

1. Voraussetzungen

a) Erfüllbarkeit der Leistung

Erfüllbar ist die Leistung, wenn der Schuldner zur Leistung berechtigt ist. Dies ist, wie Sie gelernt haben, gem. § 271 Abs. 1 regelmäßig, d. h. sofern nichts anderes bestimmt oder vereinbart ist, »sofort« der Fall (§ 271 Abs. 1 nochmals *lesen!*).

b) Ordnungsgemäßes Angebot der Leistung

Grundsätzlich muß der Schuldner dem Gläubiger die Leistung *»tatsächlich«*, »so wie sie zu bewirken ist« (§ 294 – lesen), anbieten. Wann dies der Fall ist, richtet sich vor allem nach der Art der Schuld bezüglich des Leistungsgegenstandes und des Leistungsortes. Als *Faustregel* kann man sich merken: *Die Leistung ist ordnungsgemäß angeboten, wenn sie am rechten Ort, zur rechten Zeit und in der richtigen Art und Weise vollständig*[83] *angeboten wurde.*

Ausnahmsweise kann davon nach Maßgabe des § 295 (lesen!) abgewichen werden. Danach genügt ein nur »wörtliches« Angebot, wenn

83 vgl. § 266 – lesen!

der Gläubiger bereits vorweg erklärt hat, er werde die Leistung nicht annehmen oder wenn es sich z. B. um eine Holschuld handelt.

c) Leistungswille und Leistungsvermögen

Daß der Gläubiger nur in Annahmeverzug kommt, wenn der Schuldner auch wirklich in der Lage ist, die von ihm angebotene Leistung zu erbringen, ist eigentlich selbstverständlich, wird aber vom Gesetz in § 297 (lesen) ausdrücklich verlangt.

d) Nichtannahme der Leistung

Sofern die genannten Voraussetzungen erfüllt sind, genügt allein die Nichtannahme der Leistung, um den Gläubigerverzug zu begründen. Anders als beim Schuldnerverzug ist für den Gläubigerverzug Verschulden *nicht* erforderlich (das wird bei Anfängern leider häufig vergessen bzw. verwechselt und führt zu »dummen« vermeidbaren Fehlern).

Beim gegenseitigen Vertrag führt – trotz vorliegender Bereitschaft zur Annahme der Leistung – die Verweigerung der Gegenleistung ebenfalls zum Annahmeverzug (§ 298 – lesen).

2. Rechtsfolgen

Grundsätzlich bleibt der Schuldner beim Annahmeverzug des Gläubigers zu seiner Leistung weiter verpflichtet; er kommt aber unter Umständen, falls der Leistungsgegenstand während des Gläubigerverzuges beschädigt oder gar zerstört wird, in den Genuß der nachstehenden

a) Haftungserleichterung

Befindet sich der Gläubiger in Annahmeverzug, haftet der Schuldner in den genannten Fällen (Beschädigung oder Zerstörung des Leistungsgegenstandes) nur für Vorsatz und grobe Fahrlässigkeit, nicht jedoch für einfache Fahrlässigkeit i. S. v. § 276! Dies folgt aus § 300 Abs. 1 (lesen!).

b) Gefahrübergang bei Gattungsschulden

Grundsätzlich handelt es sich bei einer Gattungsschuld um eine Beschaffungsschuld[84]. Dies ergibt sich aus § 279 *(lesen!)*. Der Schuldner trägt die »Leistungsgefahr«, d. h. das Risiko, die Leistung noch erbringen zu müssen, obwohl der Leistungsgegenstand, der (vom Schuldner) zur Erfüllung vorgesehen (= ausgesondert) war, zerstört wurde: Da es sich um eine Gattungsschuld handelte, gibt es einen gleichartigen Leistungsgegenstand (z. B. die Kaufsache, das Serienfahrrad) noch »en masse«! Der Schuldner, der ihn momentan nicht zu leisten vermag (= »Unvermögen« – § 279!), muß ihn sich beschaffen, um seine vertragliche Leistungspflicht zu erfüllen, und zwar unabhängig davon, ob er den Untergang der geschuldeten Gattungssache verschuldet hat! Diese »Leistungs- oder Sachgefahr«[85] geht mit Beginn des Annahmeverzuges gem. § 300 Abs. 2 auf den Gläubiger über.

Die praktische (und »klausurrelevante«) Bedeutung von § 300 Abs. 2 ist recht gering: Meist hat der Schuldner gem. § 243 Abs. 2 bereits das »seinerseits Erforderliche« getan, damit die ursprüngliche Gattungsschuld sich *zur Stückschuld konkretisiert*[86] hat, und auf die Stückschuld findet § 300 Abs. 2 keine Anwendung!

c) Gefahrübergang beim gegenseitigen Vertrag

Für den gegenseitigen Vertrag gilt die Sondervorschrift des § 324 Abs. 2, die sie jetzt noch *nicht* lesen müssen: Nach § 324 Abs. 2 bewirkt der Annahmeverzug beim gegenseitigen Vertrag, daß die Preisgefahr (Gegenleistungsgefahr), d. h. das Risiko, den Preis zahlen zu müssen, obwohl der Leistungsgegenstand nicht erbracht wird, auf den Gläubiger übergeht. Das Verständnis dieser Vorschrift setzt die Kenntnis von Rechtsproblemen voraus, die mit der zweiten Leistungsstörung zusammenhängen, die wir in unserer Grobeinteilung (vgl. Übersicht 8 – Teil 1 – I.) kennengelernt haben (= Unmöglichkeit). Wir wollen die Analyse von § 324 Abs. 2 deshalb zurückstellen.

84 s.o., S. 45

85 Das Gesetz verwendet nur den Begriff »Gefahr« und meint damit meist die »Gegenleistungs-« bzw. »Preisgefahr«, seltener die »Leistungs-« bzw. »Sachgefahr« – dazu ausführlicher noch unten Übersicht 10 (S. 103)

86 vgl. auch *Klunzinger,* S. 255 f. (»Lernhinweis«) sowie *Brox,* Allg. SchR, Rdnr. 312

d) Ersatz von Mehraufwendungen

Lesen Sie zur Information nur § 304!

Beispiele:
Unnütze Transportkosten[87], nachdem der Gläubiger die Annahme nach entsprechendem Hinweis des Schuldners trotz Wissens von einem kleinen Fehler des Leistungsgegenstandes verweigert; Gläubiger verweigert die Annahme des geschuldeten Gegenstandes und Schuldner hat Kosten für die Aufbewahrung und Erhaltung[88]. –

Lesen Sie die Zusammenfassung in Übersicht 8 (Teil 3):

Übersicht 8 (Teil 3):

Leistungsstörungen

III. Gläubigerverzug (»Annahmeverzug«)

– Vorschriften: §§ 293 – 304
1. *Voraussetzungen*
   a) Erfüllbarkeit der Leistung → § 271 Abs. 1
   b) Ordnungsgemäßes Leistungsangebot → § 294
      Faustregel: Tatsächliches Angebot – am rechten Ort, zur rechten Zeit und in der richtigen Art und Weise – der vollständigen (§ 266) Leistung. Ausnahme → § 295
   c) Leistungswille und Leistungsvermögen → § 297
   d) Nichtannahme der Leistung
   Merke: Gläubigerverzug *ohne* Verschulden
   e) Gegenseitiger Vertrag: Annahmeverzug durch Verweigerung der Gegenleistung → § 298

2. *Rechtsfolgen*
   a) Haftungserleichterung → § 300 Abs. 1
      (Bei Untergang oder Beschädigung des Leistungsgegenstandes keine Haftung für einfache Fahrlässigkeit i.S.v. § 276)
   b) Gefahrübergang bei Gattungsschuld: keine Anwendung von § 279! Leistungsgefahr liegt beim Gläubiger → § 300 Abs. 2
   c) Gefahrübergang beim gegenseitigen Vertrag → § 324 Abs. 2
   d) Ersatz von Mehraufwendungen → § 304
   Außerdem: §§ 372 ff. = Beendigung des Schuldverhältnisses durch *Hinterlegung* (s.o. S. 52 f.)

87 vgl. *Alpmann und Schmidt*, SchR AT 1, Fall 23, S. 99.
88 *Brox*, Allg. SchR, Rdnr. 314

Literatur zur Vertiefung (5. Kapitel/III):

Alpmann und Schmidt	Schuldrecht AT 1, (S. 95–102)
Brox	Allg. SchR, § 23
Löwisch	Schuldrecht AT, § 9
Medicus	Schuldrecht I, § 36
Musielak	§ 6 IV

IV. Unmöglichkeit der Leistung

1. Arten der Unmöglichkeit

Als zweite Gruppe der Leistungsstörungen nach dem Verzug wurde die »Unmöglichkeit der Leistung« genannt.

■ Wann – um das zu wiederholen – ist dem Schuldner eine Leistung unmöglich geworden?

▷ Wenn er die vertraglich geschuldete Leistung gar nicht erbringt (= Nichterfüllung).

Die Situation, daß der Schuldner die Leistung nicht erbringt, kann unter verschiedenen Voraussetzungen eintreten und verschiedene Gründe haben.

Je nachdem, welcher Grund für die Unmöglichkeit vorliegt, unterscheidet das Bürgerliche Recht vier grundsätzliche Arten der Unmöglichkeit:

(a) Anfängliche objektive Unmöglichkeit,
(b) anfängliche subjektive Unmöglichkeit,
(c) nachträgliche objektive Unmöglichkeit und
(d) nachträgliche subjektive Unmöglichkeit.

Das Gesetz bezeichnet die subjektive Unmöglichkeit auch als »Unvermögen«.

Sie werden sehen, daß diese Unterscheidung gar nicht so schwierig ist, wie sich das zunächst liest.

■ Auf welchen Zeitpunkt beziehen sich wohl die anfängliche und die nachträgliche Unmöglichkeit?

▷ Auf den Zeitpunkt der Begründung des Schuldverhältnisses bzw. auf den Zeitpunkt des Vertragsschlusses.
Es geht um die Möglichkeit oder Unmöglichkeit der Leistung des *Schuldners!*

■ Wann, meinen Sie, ist dem Schuldner eine Leistung »objektiv« unmöglich?

▷ Wenn der Leistungsgegenstand untergegangen ist, d. h. so zerstört ist, daß *niemand,* weder der Schuldner noch irgendein anderer, *diesen* Leistungsgegenstand erbringen kann. Wir werden das sogleich an einigen Beispielen verdeutlichen.

■ Zunächst aber noch die Frage: Wie würden Sie die »subjektive« Unmöglichkeit von der objektiven Unmöglichkeit unterscheiden? Wann ist dem Schuldner die Leistung subjektiv unmöglich?

▷ Wenn *nur der Schuldner* nicht in der Lage ist, den Leistungsgegenstand zu erbringen, wohl aber ein Dritter – zumindest theoretisch – dazu in der Lage wäre!

Beispiele:

(a) Anfängliche objektive Unmöglichkeit
Bleiben wir bei unserem schon mehrfach angesprochenen Pkw-Verkauf: V aus Münster verkauft am 1. 3. dem K in Köln seinen Pkw.

■ Welche Leistungspflicht trifft den V als Schuldner nach § 433 Abs. 1 S. 1? (Wenn Sie das nicht auswendig wissen, lesen Sie § 433 Abs. 1 S. 1 nach!)

▷ V ist aufgrund des Kaufvertrages verpflichtet, dem K das Auto zu übergeben und ihm das Eigentum daran zu verschaffen.

■ Was könnte passiert sein, damit dem V seine Leistungspflicht schon bei Vertragsschluß, also: »anfänglich objektiv unmöglich« war?

▷ Bei V in Münster ist z. B. am 28. 2. das berühmte Gasrohr explodiert, und das Auto ist in der Garage verbrannt.
Kein Mensch ist in diesem Fall in der Lage, dem K dieses Auto noch zu verschaffen. Die Leistung ist objektiv unmöglich, und da das Auto bereits am 28. 2. verbrannt ist, der Vertrag zwischen V und K aber erst am 1. 3. geschlossen wurde, war die Leistung von Anfang an (=bereits zum Zeitpunkt des Vertragsschlusses) unmöglich. Die Leistung war anfänglich (ursprünglich) objektiv unmöglich.

(b) Anfängliche subjektive Unmöglichkeit
Wenn Sie Ihre Phantasie spielen lassen, könnten Sie unseren Fall selbst etwas abwandeln, um daraus ein Beispiel für die anfängliche subjektive Unmöglichkeit zu bilden.

■ Was könnte mit dem Auto statt des Verbrennens am 28. 2. auch passiert sein?

▷ Es könnte von einem Dieb gestohlen worden sein!

■ Warum ist die Leistung dem V »nur« *subjektiv* unmöglich?

▷ Das Auto existiert noch! Theoretisch (und mit viel Glück auch praktisch) könnte dem K das Eigentum daran noch verschafft werden. V, der weiterhin Eigentümer ist, müßte den Dieb bzw. das Auto nur finden. Da ihm dies in den seltensten Fällen möglich ist, ist ihm seine Leistung subjektiv, und zwar ebenfalls von Anfang an (das Auto war ja schon gestohlen, als er den Vertrag schloß), unmöglich.
Wenn wir bei diesen Beispielen bleiben, können wir daraus auch gut Fälle bilden, die die nachträgliche Unmöglichkeit, und zwar sowohl die objektive nachträgliche sowie die subjektive nachträgliche Unmöglichkeit verdeutlichen.

(c) Nachträgliche objektive Unmöglichkeit
Unterstellen wir nochmals, daß V und K am 1. 3. den Kaufvertrag über das Auto schließen, das zu diesem Zeitpunkt tatsächlich noch unversehrt in der Garage steht. Als Übergabetermin wird der 3. 3. vereinbart.

■ Wann ist dem V seine Leistung nachträglich objektiv unmöglich geworden?

▷ Wenn das Auto nach Vertragsschluß vor dem Übergabetermin verbrannt ist.

(d) Nachträgliche subjektive Unmöglichkeit
Das entsprechende Beispiel hierzu müßten Sie nun selbst bilden können!

▷ Das Auto ist nach Vertragsschluß nicht verbrannt, sondern gestohlen worden...

Einige der rechtlichen Probleme, die in den Fällen der Unmöglichkeit auftreten können, wollen wir anhand einiger Übungsfälle untersuchen und dabei die wichtigsten gesetzlichen Vorschriften kennenlernen.

2. Anfängliche objektive Unmöglichkeit

Übungsfall 8	
V verkauft dem K am 1. 3. um 12.00 Uhr seine Segeljacht »Alte Liebe I«; die Übereignung soll am nächsten Tag erfolgen. Kurz vor 13.00 Uhr erfährt V, daß seine »Alte Liebe« um 11.00 Uhr aus ungeklärter Ursache untergegangen und dadurch völlig zerstört ist. Welche Ansprüche stehen K gegen V zu?	

a) Nichtigkeit des Vertrages

■ Welches Schuldverhältnis besteht zwischen K und V?

▷ K und V haben einen Kaufvertrag i. S. v. § 433 geschlossen. Gefragt ist nach dem Anspruch des Käufers gegen den Verkäufer. Es geht um die Leistung, die V dem K als Schuldner erbringen muß. Gem. § 433 Abs. 1 S. 1 (Anspruchsgrundlage) war V aufgrund des am 1. 3. geschlossenen Kaufvertrages verpflichtet, dem V die Segeljacht zu übergeben und ihm das Eigentum daran (gem. § 929 S. 1) zu verschaffen (§§ nachlesen!).

■ Kann V diese Leistungspflicht noch erfüllen?

▷ Nein! Das Schiff ist untergegangen und völlig zerstört.
Da die »Alte Liebe I« von niemandem geliefert werden kann, ist dem V seine Leistung objektiv unmöglich.

■ Anfänglich oder nachträglich?

▷ Da der Untergang des Schiffes bereits am 1. 3. um 11.00 Uhr stattfand, war die Leistung dem V bereits bei Vertragsschluß um 12.00 Uhr, also anfänglich, unmöglich.

Die Rechtsfolge eines auf eine unmögliche Leistung gerichteten Vertrages regelt § 306 (lesen). Der Vertrag ist nichtig, und zwar von Anfang an!

Daß mit der »unmöglichen« Leistung in § 306 nur die anfängliche, schon vor Vertragsschluß unmögliche Leistung gemeint sein kann, ergibt die wörtliche (grammatikalische) Auslegung[89]. Wenn der Vertrag bei seinem Abschluß auf eine unmögliche Leistung *gerichtet* ist, liegt Unmöglichkeit zu diesem Zeitpunkt bereits vor! Daß in § 306 nur die objektive Unmöglichkeit gemeint sein kann, ergibt die systematische Auslegung[89]: In § 275 regelt das Gesetz in zwei Absätzen die nachträgliche (Abs. 1: »soweit die Leistung infolge eines nach der Entstehung . . . unmöglich wird«) Unmöglichkeit. Daß »Unmöglichkeit« dort in Abs. 1 die objektive Unmöglichkeit bedeuten muß, ergibt sich daraus, daß der Gesetzgeber durch die Verweisung in Abs. 2 für das Unvermögen (= subjektive Unmöglichkeit) die gleichen Rechtsfolgen vorsieht wie für die (objektive) Unmöglichkeit.

Da in § 306 nur von Unmöglichkeit der Leistung, aber nicht vom Unvermögen des Schuldners die Rede ist, kann § 306, der keinen Abs. 2 hat, nur die objektive Unmöglichkeit meinen!

b) Schadensersatz

Wenn bei der anfänglichen, objektiven Unmöglichkeit der Vertrag gem. § 306 nichtig ist, bedeutet das: Es bestehen keinerlei Erfüllungsansprüche. Wenn mangels eines wirksamen Vertrages keine Erfüllungsansprüche bestehen, ist ein etwaiger Schadensersatzanspruch »wegen Nichterfüllung« schon begrifflich nicht denkbar.

Denkbar ist indessen, daß dem Gläubiger, der von der anfänglichen objektiven Unmöglichkeit und der damit gem. § 306 verbundenen Nichtigkeit des Vertrages nichts ahnen konnte, im Vertrauen auf die

89 Lesen Sie hierzu den Exkurs in Bd. 1 *meiner* Grundzüge, S. 97 ff.

Wirksamkeit des Vertrages ein Schaden entstanden ist. Lesen Sie dazu § 307 Abs. 1!

Hier ist vom Ersatz des sog. »Vertrauensschadens« die Rede oder, wie das Gesetz es formuliert, vom Ersatz des »negativen Interesses«.

■ Was ist wesentliche Voraussetzung für diesen Schadensersatzanspruch?

▷ Der Schuldner *kannte* die Unmöglichkeit bereits vor Vertragsschluß oder mußte sie zumindest kennen, d. h. er mußte wissen, daß ihm die Leistung nicht möglich sein wird. In diesem Fall muß er dem Gläubiger den Schaden ersetzen, den dieser dadurch erlitten hat, daß er auf das Zustandekommen des Vertrages vertraute.

■ Was könnte das z. B. für ein Schaden sein?

▷ Z. B. Fahrtkosten zum Ort des Vertragsschlusses oder andere *Aufwendungen*.

■ Kommt im Fall mit der »Alten Liebe I« ein solcher Anspruch in Betracht?

▷ Es liegen keinerlei Anhaltspunkte vor, daß V von der Zerstörung wissen mußte ...

3. Anfängliche subjektive Unmöglichkeit

Die anfängliche subjektive Unmöglichkeit ist – wie wir aus der kurzen Gegenüberstellung von § 306 und § 275 ersehen haben – im BGB nicht geregelt! Aus der Tatsache, daß § 306 keine dem § 275 Abs. 2 entsprechende Regelung enthält[90], haben Rechtsprechung und Lehre im »Umkehrschluß«[91] grundsätzlich gefolgert, daß der Vertrag nicht nichtig, sondern wirksam sein soll; in diesem Fall ist zumindest theoretisch die Erfüllung des Vertrages noch möglich!

Denken Sie an den Fall des Diebstahls: Der – gestohlene – Leistungsgegenstand existiert noch; objektiv ist die Leistung und damit die Erfüllung des Vertrages noch möglich. Aus der Tatsache, daß die Erfüllung – theoretisch – noch möglich ist, hat man hergeleitet, daß es auch Schadensersatzansprüche wegen Nichterfüllung geben muß. Im Falle der anfänglichen subjektiven Unmöglichkeit muß der Schuldner

90 vgl. *Palandt/Heinrichs,* § 306, Rdnr. 9

91 Mancher des Lateinischen mächtige Jurist nennt dies »argumentum e contrario« und setzt die Kenntnis dieses lat. Begriffes bei jedem voraus ...

nach h. M.[92] unabhängig davon, ob er diese Unmöglichkeit verschuldet hat oder nicht, Schadensersatz wegen Nichterfüllung leisten, d. h. gegebenenfalls das Erfüllungsinteresse oder positive Interesse ersetzen! Die h. M. geht von einer verschuldensunabhängigen »Garantiehaftung« aus[92]!

Begründet wird dies sinngemäß folgendermaßen: der Gläubiger müsse sich unbedingt darauf verlassen können, daß ein Schuldner zu dem Zeitpunkt, zu dem er die Leistungsverpflichtung eingeht, die Leistung auch erbringen kann, falls sie nicht objektiv unmöglich ist.

Diese Begründung erscheint nicht unbedingt zwingend; warum sollte es einen Unterschied machen, ob beim Schuldner eine zufällige (unverschuldete) Explosion stattfand, oder ob ihm der Leistungsgegenstand trotz sorgfältiger Absicherung gestohlen wurde? Und warum sollte die Rechtsfolge nicht die gleiche sein, wenn der Schuldner die Gasrohrexplosion aufgrund mangelhafter Pflege und den Diebstahl aufgrund der offengelassenen Garagentür ermöglichte? Wenn man weniger dogmatisch[93], sondern praxisbezogen denkt, sollte man einer Mindermeinung in der Literatur[94] folgen und auch die Rechtsfolgen der anfänglichen subjektiven Unmöglichkeit vom Verschulden (§ 276!) des Schuldners abhängig machen, indem man § 275 Abs. 2 analog anwendet.

Für Ihre Prüfungsklausuren merken Sie *sich der Einfachheit halber nur die h. M.:* Liegt anfängliche subjektive Unmöglichkeit vor, deren Folgen im Gesetz nicht geregelt sind, so ist der Vertrag entgegen § 306 wirksam, und der Schuldner hat ohne Berücksichtigung der Frage, ob er diese Unmöglichkeit verschuldet hat oder nicht, Schadensersatz wegen Nichterfüllung zu leisten, da er zur theoretisch noch möglichen Erfüllung nicht in der Lage ist!

92 vgl. *Palandt/Heinrichs,* § 306, Rdnr. 9 m. w. N.
93 *vgl. meine Grundzüge Bd. I, S. 151, Fn. 105!*
94 vgl. *Esser/Schmidt,* § 22 III; weitere Nachweise bei *Palandt/Heinrichs* § 306, Rdnr. 10

4. Nachträgliche objektive Unmöglichkeit

Übungsfall 9	
A ist Eigentümer eines echten Brillantringes, der als uraltes Familienstück für ihn von unersetzlichem Wert ist. Als A diesen Ring verliert, gibt er im »Kölner Stadtanzeiger« vom 25. 3. 1993 eine entsprechende Anzeige auf, in der es heißt: »Der ehrliche Finder soll meinen Porsche erhalten«. Am 22. 4. findet B den Ring und bringt ihn sofort zu A. Jetzt erst stellt A fest, daß wenige Stunden zuvor sein Auto bei einem Brand völlig zerstört worden ist. An dem Brand traf niemanden ein Verschulden. Die Kasko-Versicherung erstattet A einen Betrag von 10 000,– DM. B verlangt von A statt des Autos die Versicherungssumme. Zu Recht?	

a) Vom Schuldner nicht zu vertretende Unmöglichkeit

Das Rechtsgeschäft, das A in Form der Anzeige vorgenommen hat, ist die bereits einmal erwähnte[95] »Auslobung« i. S. d. §§ 657 ff., von denen Sie zur Information § 657 *lesen*, der als »Anspruchsgrundlage« zugunsten des B in Betracht kommen würde, wenn das Auto noch vorhanden wäre.

Aufgrund dieses einseitig verpflichtenden Rechtsgeschäftes war A ursprünglich verpflichtet, dem B das Auto zu übereignen. B hatte gem. § 657 einen Anspruch auf Übergabe des Porsche, und als A die Zeitungsanzeige veröffentlichen ließ, war ihm die Erfüllung dieses Anspruchs auch noch möglich.

Der Anspruch könnte aber erloschen sein, da das Auto inzwischen zerstört ist.

■ Welche rechtlichen Voraussetzungen müssen erfüllt sein, damit ein entstandener Anspruch auf Leistung erlischt und A von seiner Leistungspflicht frei werden kann?

▷ Dem A müßte seine Leistungserbringung nachträglich objektiv unmöglich geworden sein, und A dürfte die Unmöglichkeit nicht verschuldet, d. h. »nicht zu vertreten« haben.

Das ergibt sich aus einer Kernvorschrift des Unmöglichkeitsrechtes, § 275 Abs. 1, den Sie sorgfältig lesen müssen.

■ In welcher Vorschrift steht, was der Schuldner grundsätzlich zu vertreten hat?

▷ In § 276, der die Haftung für eigenes Verschulden regelt – *lesen!*

95 *z. B. oben Übersicht 1 (S. 9)*

■ Liegt ein Verschulden des A vor?

▷ Nein! Niemand trifft an dem Brand ein Verschulden. A ist gem. § 275 Abs. 1 von seiner Leistungspflicht aus § 657 freigeworden.

■ Haben wir damit die Lösung unseres Falles gefunden?

▷ Normalerweise ja, wenn A nicht versichert gewesen wäre; B will jedoch die Versicherungssumme. Mit anderen Worten: Er will von A das, was dieser als Ersatz für die unmöglich gewordene Leistung bekommen hat.

b) Anspruch auf Herausgabe des Ersatzes für die unmögliche Leistung

Die Frage, ob der Gläubiger den Ersatz, den der Schuldner für die unmögliche Leistung bekommen hat, verlangen kann, beantwortet das Gesetz in § 281 Abs. 1 (lesen!).

§ 281 Abs. 1 schränkt den Grundsatz ein, daß der Schuldner bei nicht zu vertretender Unmöglichkeit von jeglicher Leistungsverpflichtung frei wird.

Das ist auch nicht mehr als recht und billig; es ist nicht einzusehen, daß der Schuldner von der Leistungspflicht frei wird und das, was er als Ersatz für die ursprünglich geschuldete Leistung bekommt, auch noch behalten soll.

Man nennt übrigens das, was der Schuldner dem Gläubiger anstelle des ursprünglich geschuldeten Leistungsgegenstandes herausgeben muß, *»stellvertretendes commodum«*[96], woran man einmal mehr sieht, daß auch schon die römischen Juristen mit ähnlichen Problemen bei der Unmöglichkeit beschäftigt waren.

■ Verständnisfrage: Meinen Sie, daß § 281 auch gilt, wenn der Schuldner die Unmöglichkeit zu vertreten hat?

▷ Selbstverständlich! Wenn er schon bei *un*verschuldeter Unmöglichkeit dazu verpflichtet ist, den erlangten Ersatz herauszugeben, dann erst recht bei verschuldeter Unmöglichkeit[97]!

96 (lat.) deutsch: Vorteil

97 »Warnung«: Prüfen Sie § 281 Abs. 1 niemals in einer Klausur, wenn der Sachverhalt überhaupt nichts über eine Ersatzleistung (bzw. einen Ersatzanspruch), die (bzw. den) der Schuldner erlangt hat, aussagt! Angehende »Versicherungsbetriebswirte« schreiben z. B. gern: *»Es ist davon auszugehen, daß A versichert war.* B könnte daher einen Anspruch aus § 281 Abs. 1. . . . haben . . . « = Grobe (falsche!) Unterstellung, wenn im Sachverhalt von einer Versicherung auf Seiten des A nicht die Rede ist!

So oder so (nicht verschuldete oder verschuldete Unmöglichkeit): B kann in Fall 9 die 10 000,– DM gem. § 281 Abs. 1 von A verlangen.

c) Vom Schuldner zu vertretende Unmöglichkeit

Wie wäre Fall 9 zu lösen, wenn A den Brand fahrlässig verursacht hätte?

■ Wird er gem. § 275 Abs. 1 von seiner Leistungspflicht frei? (Überlegen Sie!)

▷ § 275 Abs. 1 spricht ausdrücklich von »nicht zu vertreten«. Fahrlässigkeit aber hat der Schuldner immer zu vertreten (§ 276 Abs. 1 – lesen!). – Lesen Sie sofort § 280 Abs. 1!

■ Was kann der Gläubiger vom Schuldner verlangen, wenn dieser die Unmöglichkeit zu vertreten hat?

▷ Schadensersatz wegen Nichterfüllung! Der Schuldner wird nicht, wie bei § 275, von seiner Leistungsverpflichtung frei, sondern diese Verpflichtung wandelt sich in eine Schadensersatzpflicht um.
Hat der Schuldner im Falle selbstverschuldeter Unmöglichkeit für den Leistungsgegenstand einen Ersatz erlangt, hat der Gläubiger deshalb ein Wahlrecht!

■ Worin besteht das? Welche beiden Möglichkeiten hat der Gläubiger, von dem Schuldner etwas zu verlangen?

▷ Entweder Schadensersatz wegen Nichterfüllung nach § 280 Abs. 1
oder
Herausgabe des Erlangten nach § 281 Abs. 1. Daß er zwischen diesen beiden Ansprüchen wählen kann, folgt aus § 281 Abs. 2 (lesen!).

Beispiele:

(1) Der Porsche, für den A 10 000,– DM von der Versicherung erhielt, ist tatsächlich nur 9 000,– DM wert.
Würde B Schadensersatz wegen Nichterfüllung gem. § 280 Abs. 1 wählen, bekäme er nur den Wert des geschuldeten Porsches, d. h.: 9 000,– DM. Er wird deshalb anstelle des Schadensersatzes den Anspruch aus § 281 Abs. 2 geltend machen (10 000,– DM). Der Schuldner soll bei Unmöglichkeit seiner Leistung keinesfalls besser gestellt werden!

(2) Der Porsche ist tatsächlich 11 000,– DM wert, B hat deshalb gem. § 280 Abs. 1 einen Schadensersatzanspruch auf 11 000,– DM. Hat er schon 10 000,– DM nach § 281 Abs. 1 als Ersatz bekommen, vermindert sich nach § 281 Abs. 2 sein Schadensersatzanspruch um diese 10 000,– DM, d. h., er kann nach § 280 Abs. 1 von seinem bestehenden Schadensersatzanspruch nur noch 1 000,– DM verlangen.

Für die nachträgliche objektive Unmöglichkeit können wir folgendes festhalten:

(a) Hat der Schuldner die Unmöglichkeit nicht verschuldet bzw. nicht zu vertreten, wird er von seiner Leistungspflicht nach § 275 Abs. 1 frei.

(b) Hat der Schuldner dagegen die nachträgliche objektive Unmöglichkeit zu vertreten, tritt anstelle der Leistungspflicht die Pflicht zur Leistung von Schadensersatz wegen Nichterfüllung gem. § 280 Abs. 1.

(c) Unabhängig davon, ob der Schuldner die Unmöglichkeit vertreten muß oder nicht, kann der Gläubiger gem. § 281 Abs. 1 Herausgabe des Ersatzes verlangen, den der Schuldner für den ursprünglich geschuldeten Gegenstand erlangt hat.

5. Nachträgliche subjektive Unmöglichkeit

Die subjektive Unmöglichkeit wird vom Gesetzgeber, wie gesagt, auch als »Unvermögen« bezeichnet. Für das nachträgliche Unvermögen gilt § 275 Abs. 2 *(lesen !)*.

■ Was fällt Ihnen an dieser Vorschrift auf (= bereits oben, S. 82, erwähnt!)?

▷ Nachträgliche subjektive und nachträgliche objektive Unmöglichkeit werden gleichgestellt. Für die Rechtsfolgen gilt in beiden Fällen dasselbe, so daß wir darauf nicht weiter eingehen müssen.

Wiederholen Sie jetzt die vier Arten der Unmöglichkeit anhand der zusammenfassenden Übersicht 9 (Teil 1) auf der folgenden Seite!

6. Besondere Regelungen für gegenseitige Verträge

Erinnern Sie sich an den Schuldnerverzug: Grundsätzlich gelten alle allgemeinen Regelungen über den Verzug – und das gilt auch für die Unmöglichkeit – für *alle* Schuldverhältnisse; es sei denn, diese allgemeinen Vorschriften werden durch besondere Regelungen verdrängt.

■ Wo stehen im allgemeinen Schuldrecht besondere Vorschriften für die gegenseitigen Verträge?
(Überlegen Sie erst, bevor Sie weiterlesen!)

▷ Sicherlich wußten Sie das noch: in den §§ 320 ff.!

Übersicht 9 (Teil 1):

Leistungsstörungen

IV. Unmöglichkeit der Leistung

1. Arten der Unmöglichkeit

	Anfängliche (ursprüngliche)	Nachträgliche
Objektive	§ 306	§ 275 Abs. 1
Subjektive	gesetzlich geregelt	§ 275 Abs. 2

2. Die verschiedenen Tatbestände der Unmöglichkeit

	Gesetzl. Regelung	Voraussetzungen	Rechtsfolgen
a) Anfängliche objektive Unmöglichkeit	§ 306	(1) Die Leistung kann von niemandem erbracht werden. (Bsp.: Leistungsgegenstand ist völlig zerstört) (2) Dieser Zustand bestand bei Vertragsschluß (bzw. bei Entstehung des Schuldverhältnisses). (3) Der Schuldner wußte von der Unmöglichkeit nichts und hätte auch nichts wissen müssen.	Der Vertrag ist nichtig – es bestehen keinerlei Leistungspflichten.
	§ 307	(1) } wie oben (2) } bei § 306 (3) Der Schuldner wußte von der Unmöglichkeit oder hätte davon wissen müssen.	Wie oben, aber: Ersatz des Vertrauensschadens – negatives Interesse
b) Anfängliche subjektive Unmöglichkeit	keine Regelung	(1) Der Leistungsgenstand kann zwar nicht vom Schuldner, (theoretisch) aber von einem Dritten verschafft werden (Bsp.: Lstgsggstd. ist gestohlen). (2) Zustand bestand bereits bei Vertragsschluß.	Vertrag ist weiterhin gültig, Erfüllungspflichten bleiben bestehen. Schuldner muß Schadensersatz wegen Nichterfüllung leisten (= Erfüllungsinteresse = positives Interesse).
c) Nachträgliche objektive Unmöglichkeit	§ 275 Abs. 1	(1) Die Lstg. kann von niemandem erbracht werden. (2) Dieser Zustand entstand nach Vertragsschluß (bzw. nach Entstehung des Schuldverhältnisses).	
		(3a) Den Schuldner trifft kein Verschulden an der Unmöglichkeit (»nicht zu vertreten«) (3b) Schuldner hat Unmöglichkeit zu vertreten.	(3a) Der Schuldner ist von der Leistungspflicht befreit. (3b) Gläubiger hat Anspruch auf Schadensersatz wegen Nichterfüllung gem. § 280 Abs. 1 (positives Interesse = Erfüllungsinteresse).
		Falls Schuldner für unmögliche Leistungen Ersatz erlangt, gilt für (3a) und (3b):	Herausgabeanspruch des Gläubigers auf diesen erlangten Ersatz = § 281 Abs. 1
d) Nachträgliche subjektive Unmöglichkeit	§ 275 Abs. 2	(1) Die Leistung kann nur vom Schuldner nicht, (theoretisch) aber von einem Dritten erbracht werden. (2) + (3a) + (3b) wie oben bei c)	wie oben bei c)

Für den Verzug werden dort, wie Sie wissen, in § 326 besondere Regelungen getroffen. Suchen Sie in den §§ 320 ff., wo etwas über Sonderregelungen für die Unmöglichkeit gesagt wird. (Suchen Sie, bevor Sie weiterlesen, und notieren Sie sich die *drei* Vorschriften!)

■ Welche drei Vorschriften haben Sie notiert?

▷ Eigentlich hätten Sie *vier* notieren müssen: Jedenfalls die §§ 323, 324, 325 und auch § 327! Lesen Sie alle Vorschriften einmal in Ruhe durch; wir werden sie gleich näher analysieren!

a) Von keiner Vertragspartei zu vertretende Unmöglichkeit

Beim gegenseitigen Vertrag ist nicht nur das Schicksal der *Leistung* von Bedeutung, sondern gleichermaßen, welchen Einfluß die Unmöglichkeit der Leistung des Schuldners auf die *Gegenleistung* des Gläubigers hat.

Dabei »interessierte« den Gesetzgeber nur die nachträgliche Unmöglichkeit. Da bei der anfänglichen objektiven Unmöglichkeit der Vertrag gem. § 306 nichtig ist, muß die Gegenleistung nicht mehr erbracht werden, so daß sich diesbezügliche Sonderregelungen erübrigen. Das gleiche gilt für die anfängliche subjektive Unmöglichkeit: Der Vertrag ist (nach h. M.) gültig. Der Schuldner, der sich zur subjektiv unmöglichen Leistung verpflichtet hat, haftet auf Schadensersatz wegen Nichterfüllung[98]. Das Schicksal der Gegenleistung bedarf bei der anfänglichen Unmöglichkeit keiner Sonderregelung.

Hat keiner der Vertragspartner die Unmöglichkeit zu vertreten, verliert der Schuldner, dessen Leistung unmöglich geworden ist, gem. § 323 Abs. 1 auch den Anspruch auf die Gegenleistung (§ 323 Abs. 1 langsam lesen!).

Über die Frage, *ob* und wann bzw. warum einer von beiden die Unmöglichkeit zu vertreten hat, wird in den §§ 323 bis 325 nichts gesagt. Dort wird immer vorausgesetzt, daß einer der Vertragspartner die Unmöglichkeit zu vertreten hat oder nicht zu vertreten hat, und dann wird geregelt, welche Rechtsfolgen in diesem Fall beim gegenseitigen Vertrag eintreten (ganz wichtige Unterscheidung!).

■ Denken Sie kurz nach: Nach welcher Vorschrift richtet es sich, ob der Schuldner etwas zu vertreten hat? Unter welchen Voraussetzungen haftet der Schuldner für eigenes Verschulden?

98 *Brox*, Allg. SchR, Rdnr. 253

▷ Obwohl die Vorschrift die »fett« gedruckte Überschrift »Haftung für eigenes Verschulden« trägt, können Sie diese zentrale Haftungsvorschrift unter dem Stichwort »Haftung« im Index nicht finden – auch die Redakteure des (dtv–)BGB-Textes sind nicht unfehlbar ... Lesen Sie nochmals § 276 Abs. 1! Wenn der Schuldner die Unmöglichkeit mangels Vorsatzes oder Fahrlässigkeit *nicht* zu vertreten hat, wird er gem. § 275 Abs. 1 von seiner Leistungspflicht frei. Insofern besteht beim gegenseitigen Vertrag kein Unterschied zu anderen Schuldverhältnissen!

■ Was aber geschieht mit der Gegenleistung? Muß z. B. der Käufer, wenn der Verkäufer von seiner Leistungspflicht i. S. d. § 433 Abs. 1 S. 1 gem. § 275 Abs. 1 frei geworden ist, dennoch den Kaufpreis zahlen, wenn auch er die Unmöglichkeit der Leistung des Schuldners (hier: Verkäufers) nicht zu vertreten hat?

▷ Die Antwort gibt § 323 Abs. 1 (bis zum Semikolon genau lesen!). Die Vorschrift wird klarer, wenn wir sie umformulieren:

»Wird die aus einem gegenseitigen Vertrag dem Schuldner obliegende Leistung infolge eines Umstandes unmöglich, den weder er noch der Gläubiger dieser Leistung zu vertreten hat, so verliert der Schuldner den Anspruch auf die Gegenleistung.«

Nochmals: Wenn beim gegenseitigen Vertrag dem Schuldner die Leistung unmöglich wird und weder der Schuldner noch sein Gläubiger diese Unmöglichkeit zu vertreten haben, wird der Schuldner gem. § 275 Abs. 1 von seiner Leistungspflicht frei, und der Gläubiger wird gem. § 323 Abs. 1 von seiner Gegenleistungspflicht befreit! Verlangt allerdings der Gläubiger, wozu er selbstverständlich auch beim gegenseitigen Vertrag berechtigt ist, gem. § 281 Abs. 1 die Herausgabe des Ersatzes (oder Abtretung eines Ersatzanspruches), den der Schuldner für die unmöglich gewordene Leistung erlangt hat, dann bleibt der Gläubiger – was nur recht und billig ist – weiterhin zur Gegenleistung verpflichtet. Dies folgt aus § 323 Abs. 2 (bis zum Semikolon lesen!).

b) Vom Schuldner zu vertretende Unmöglichkeit

Lesen Sie § 325 Abs. 1 S. 1! Wir wollen uns den Inhalt dieser nicht einfachen Vorschrift anhand eines weiteren Übungsfalles verdeutlichen.

Übungsfall 10	

Valentin (V) verkauft zum 1. 3. 1993 seinen gebrauchten PKW an Kuno (K) für 5 000,– DM. K zahlt sofort in bar. Die Übereignung soll am 3. 3. erfolgen. Am 2. 3. wird das Auto bei einem Brand, den V fahrlässig verursacht hat, völlig zerstört. Die Kasko-Versicherung des V zahlt diesem entsprechend dem tatsächlichen Listenwert des Wagens 6 000,– DM. K seinerseits hätte das Auto nachweislich an Dagobert (D) für 5 500,– DM weiterverkaufen können.

Welche Ansprüche stehen K gegen V zu?

Ein Anspruch aus § 433 Abs. 1 S. 1 auf Übergabe und Eigentumsverschaffung, der durch den Vertragsschluß zunächst entstanden war, kommt nicht in Betracht: Aufgrund des Brandes ist dem V die Leistung nachträglich objektiv unmöglich geworden.

■ Ist V gem. § 275 Abs. 1 von seiner Leistungspflicht frei geworden?

▷ Sicher nicht! Er hat den Brand fahrlässig verursacht und deshalb nach § 276 zu vertreten.

■ Welcher Anspruch käme für K in Betracht, wenn es die Sondervorschrift des § 325 für gegenseitige Verträge nicht gäbe?

▷ Bei vom Schuldner zu vertretender Unmöglichkeit ist Schadensersatz wegen Nichterfüllung grundsätzlich nach § 280 Abs. 1 zu leisten!

Da es sich beim Kaufvertrag um einen *gegenseitigen* Vertrag handelt, gilt für die vom Schuldner zu vertretende Unmöglichkeit § 325 statt § 280! Im Falle der vom Schuldner zu vertretenden Unmöglichkeit beim gegenseitigen Vertrag ist § 280 nicht anwendbar, sondern wird durch § 325 ersetzt[99].

■ *Lesen* Sie § 325 Abs. 1 S. 1 noch einmal! An welche bereits bekannte Vorschrift erinnert Sie diese Formulierung? (Überlegen Sie!)

▷ An die Vorschrift, die die Rechtsfolgen des Schuldnerverzuges beim gegenseitigen Vertrag festlegt: § 326 Abs. 1 ! Auch dort ist von Schadensersatz wegen Nichterfüllung und Rücktritt die Rede. § 325 Abs. 1 S. 1 gibt bei Unmöglichkeit wie § 326 Abs. 1 S. 2 bei Verzug dem Gläubiger neben dem Schadensersatzanspruch wegen Nichterfüllung wahlweise ein gesetzliches Rücktrittsrecht.

Wählt der Gläubiger Rücktritt, gelten für die Abwicklung des Rücktritts gem. § 327 die Vorschriften über das vertragliche Rück-

99 **Ganz wichtig! Merken für Klausuren!**

trittsrecht entsprechend: §§ 346 ff. (lesen Sie § 326 Abs. 1 S. 1 und S. 2 sowie § 327 noch einmal!).

Bleiben wir noch bei § 325 Abs. 1 !

aa) Schadensersatz wegen Nichterfüllung

■ Was bekommt K, wenn er in Fall 10 Schadensersatz wegen Nichterfüllung wählt? Welches Interesse bekommt er ersetzt?

▷ Das positive Interesse oder Erfüllungsinteresse, d. h., V muß den K so stellen, wie dieser gestanden hätte, wenn der Vertrag ordnungsgemäß erfüllt worden wäre.

■ Was kann K in Fall 10 konkret von V als Schadensersatz verlangen? Welche Vorschriften des Allgemeinen Schuldrechts geben Auskunft über die Art und Weise, den Umfang der Schadensersatzleistung, wenn ein Schadensersatzanspruch dem Grunde nach (gem. § 325 Abs. 1) gegeben ist?

▷ Gefragt war nach den §§ 249 ff.! Lesen Sie § 249 S. 1. K bekommt den vergeblich bezahlten Kaufpreis (5 000,– DM) wieder. Die 500,– DM, die er an dem Weiterverkauf verdient hätte, muß V ihm ebenfalls ersetzen! Suchen Sie die Vorschrift bei den §§ 249 ff., aus der dies hervorgeht!

Selbstverständlich haben Sie schnell § 252 S. 1 gefunden (lesen) und gesehen, daß K auch den »entgangenen Gewinn« verlangen kann.

bb) Rücktritt

Was K bekommt, wenn er Rücktritt wählt, wollen wir anhand der Vorschriften der §§ 346 ff. überprüfen, auf die § 327 für die Fälle der §§ 325 und 326 verweist. Gem. § 327 sind die §§ 346–356, die dem Wortlaut nach nur auf das »vertragliche« Rücktrittsrecht anzuwenden sind, auf das »gesetzliche« Rücktrittsrecht entsprechend anzuwenden.

§ 346 S. 1 ist folgendermaßen zu lesen:

»Ist ein Vertragspartner zum Rücktritt berechtigt (z. B. gem. § 325 Abs. 1 S. 1), so sind die Parteien, wenn der Rücktritt erfolgt, verpflichtet, einander die empfangenen Leistungen zurückzugewähren. «

Aus dieser Formulierung folgt zugleich, daß diese Wirkungen nur eintreten, wenn der Rücktritt »erfolgt«.

■ Was muß K tun, damit die Rechtsfolgen des Rücktritts eintreten können?

▷ Er muß den Rücktritt gegenüber V erklären: § 349 (lesen!). Mit der Rücktrittserklärung, die eine einseitige, empfangsbedürftige Willenserklärung ist (ähnlich: Kündigung) und deshalb nicht angenommen werden muß, erlischt das Schuldverhältnis[100].

Rechtsfolge des Rücktritts ist gem. § 346 S. 1, daß die bereits ausgetauschten Leistungen einander zurückgewährt werden müssen.

■ Was kann K konkret von V verlangen?

▷ Den bezahlten Kaufpreis von 5 000,– DM (nicht aber entgangenen Gewinn, da kein *Schadensersatz* verlangt wird)!

cc) Herausgabe des »stellvertretenden commodums«

Damit sind noch nicht alle Wahlmöglichkeiten, die § 325 Abs. 1 dem Gläubiger gibt, erschöpft!
Lesen Sie § 325 Abs. 1 S. 3.

■ Welche dritte Wahlmöglichkeit hat der Gläubiger danach?

▷ Er kann statt Schadensersatz wegen Nichterfüllung oder Rücktritt die für den Fall des § 323 bestimmten Rechte, d. h. vor allem die Rechte nach § 323 Abs. 2 geltend machen. Der Gläubiger kann, falls der Schuldner für die Leistung einen Ersatz erlangt hat, diesen Ersatz als stellvertretendes commodum gem. § 281 Abs. 1 (hier: DM 6 000,–) herausverlangen, bleibt dann aber seinerseits zur Gegenleistung verpflichtet.

c) Vom Gläubiger zu vertretende Unmöglichkeit

Lesen Sie § 324 Abs. 1 S. 1. Der Schuldner behält den Anspruch auf die Gegenleistung, wenn der Gläubiger in einem gegenseitigen Vertrag die Unmöglichkeit der Leistung des Schuldners zu vertreten hat. Anders als die von § 325 erfaßte vom Schuldner zu vertretende nachträgliche objektive Unmöglichkeit kommt der Fall des § 324, eben die vom Gläubiger zu vertretende Unmöglichkeit der Leistung des Schuldners, in der Praxis recht selten vor. Dennoch ist folgender Fall denkbar:

100 vgl. oben Übersicht 7, S. 56

Übungsfall 11	
Der Verkäufer V liefert an den Käufer K vereinbarungsgemäß und termingerecht ein Fernsehgerät, das dieser bei V zwei Tage vorher gekauft hat. Als V mit seinem Lieferwagen die Einfahrt zum Grundstück des K befährt, springt ihm der Hund des K in den Weg, so daß V sehr scharf bremsen muß. Dabei löst sich der Fernseher aus seiner ordnungsgemäßen Befestigung im Laderaum des Lieferwagens, knallt gegen die Zwischenwand zum Fahrersitz und wird völlig zerstört. V verlangt Bezahlung des Fernsehgerätes. Zu Recht?	

Die Lieferung des Fernsehers ist dem V unmöglich geworden, und zwar durch Verschulden des Gläubigers K, der dafür zu sorgen hat, daß sein Hund in seiner Einfahrt nicht vor fremde Autos springt (»Verkehrssicherungspflicht«)[101].

Nach § 275 Abs. 1 wird V als Schuldner von seiner Leistungspflicht frei, behält aber gem. § 324 Abs. 1 S. 1 den Anspruch auf die *Gegenleistung*, also auf Zahlung des Kaufpreises durch K. Er muß sich nach § 324 Abs. 1 S. 2 dasjenige anrechnen lassen, was er infolge der Befreiung von der Leistung (gem. § 275 Abs. 1) erspart hat (§ 324 Abs. 1 S. 2 lesen). Fall 11 enthält hierzu keine Hinweise.

d) Unmöglichkeit der Schuldnerleistung im Gläubigerverzug

Wird die Leistung des Schuldners unmöglich, ohne daß einer der Vertragspartner die Unmöglichkeit zu vertreten hat, während der Gläubiger sich bereits in Annahmeverzug befindet, greift § 324 Abs. 2 ein (lesen). Es gilt das gleiche wie nach § 324 Abs. 1: Der Schuldner wird (gem. § 275 Abs. 1) von seiner Leistungspflicht frei, behält aber den Anspruch auf die Gegenleistung des Gläubigers.

Prägen Sie sich die Sonderregelungen zur nachträglichen Unmöglichkeit der Leistung des Schuldners noch einmal genau ein [= Übersicht 9 (Teil 2)]:

101 zur ersten Information hierzu Creifelds, *S. 1257*

Übersicht 9 (Teil 2):

Leistungsstörungen

3. Besondere Regelungen der nachträglichen Unmöglichkeit beim gegenseitigen Vertrag

a) *Von keiner der Parteien zu vertretende Unmöglichkeit – § 323 –*

Beispiel: Kaufvertrag - Kaufsache verbrennt infolge Brandstiftung eines Dritten

Voraussetzungen:
- (1) Gegenseitiger Vertrag
- (2) Unmöglichkeit der Leistung
- (3) Weder Verschulden (§ 276) des Verkäufers (Schuldner) noch des Käufers (Gläubiger)

Rechtsfolgen:
- Zunächst Befreiung des Schuldners von der Leistungspflicht nach § 275 Abs. 1 (!)
- Befreiung des Gläubigers von der Gegenleistungspflicht nach § 323 Abs. 1
- Falls Schuldner Ersatz für Leistungsgegenstand erlangt, kann Gläubiger diesen nach § 281 Abs. 1 herausverlangen; dann aber Verpflichtung zur Gegenleistung nach § 323 Abs. 2

b) *Vom Schuldner zu vertretende Unmöglichkeit – § 325 –* (häufigster Fall)

Beispiel: Kaufsache verbrennt vor Übergabe durch Fahrlässigkeit des Verkäufers (= Schuldner bezüglich der Übergabe)

Voraussetzungen:
- (1) Gegenseitiger Vertrag
- (2) Unmöglichkeit der Leistung
- (3) Verschulden beim Schuldner (§ 276)

Rechtsfolgen:
- Dreifaches Wahlrecht des Gläubigers gem. § 325 Abs. 1
  - (1) Schadensersatz wegen Nichterfüllung (§ 325 Abs. 1 S. 1) (Zwei Arten: (a) Gläubiger erbringt Gegenleistung und erhält (als »Surrogat« = Ersatz) vollen Schadensersatz (= Schadensersatz nach der »Surrogationstheorie«) oder (b) Gläubiger erbringt Gegenleistung nicht und verlangt Differenz zwischen Gegenleistung und (höherem) Wert der Leistung (= Schadensersatzanspruch nach der »Differenztheorie«)
  - (2) Rücktritt vom Vertrag (§ 325 Abs. 1 S. 1; §§ 327, 346 ff.) – Gläubiger bekommt bereits erbrachte Gegenleistung zurück oder
  - (3) Gläubiger macht die Rechte aus § 323 Abs. 2 geltend (§ 325 Abs. 1 S. 3) = Gläubiger verlangt z.B. Herausgabe des stellvertretenden commodums nach § 281 Abs. 1; Verpflichtung zur Gegenleistung des Gläubigers bleibt bestehen.

Übersicht 9 (Teil 2) Fortsetzung:

c) *Vom Gläubiger zu vertretende Unmöglichkeit – § 324 Abs. 1 –*

Beispiel:	Kaufsache wird vor der Übergabe durch Fahrlässigkeit des Gläubigers völlig zerstört. (Bezüglich Übergabe ist Käufer Gläubiger!)	
Voraussetzungen:	– (1) Gegenseitiger Vertrag – (2) Unmöglichkeit der Leistung – (3) Verschulden beim Gläubiger (§ 276)	
Rechtsfolgen:	– Schuldner (hier = Verkäufer) wird gem. § 275 Abs. 1 (!) von seiner Leistungspflicht frei und behält nach § 324 Abs. 1 Anspruch auf die Gegenleistung – Ggf. muß der Schuldner sich anrechnen lassen, was er durch Leistungsbefreiung erspart hat	

d) *Unmöglichkeit der Schuldnerleistung beim Gläubigerverzug – § 324 Abs. 2*

Voraussetzungen:	– (1) Gegenseitiger Vertrag – (2) Unmöglichkeit der Leistung – (3) von keiner Vertragspartei zu vertreten – (4) Gläubigerverzug (§§ 293 ff.)
Rechtsfolgen:	– wie c) = § 324 Abs. 2 verweist auf Abs. 1

Merke: Die §§ 275 ff. betreffen immer das Schicksal der Leistung, sind also neben den §§ 320 ff., die das Schicksal der Gegenleistung betreffen, grundsätzlich anwendbar. Nur § 280 wird durch § 325 ersetzt!

7. Das Unmöglichkeitsrecht im System des Allgemeinen Schuldrechts

Das, was der wichtige Merksatz unter Übersicht 9 (Teil 2) aussagt, bereitet Anfängern erfahrungsgemäß immer wieder große Schwierigkeiten. Wir wollen deshalb zwei weitere Übungsfälle lösen, um uns mit dem Unmöglichkeitsrecht vertrauter zu machen:

Übungsfall 12

Am 1. 4. 1989 kauft K beim Obst*händler* V einen Zentner Delicious-Äpfel. Die Übereignung soll am 15. 4. erfolgen. Noch bevor V den Zentner Äpfel für K bereitgestellt hat, brennt am 9. 4. die Lagerhalle des V mit dem gesamten Obstvorrat ab. In der Halle befanden sich u. a. auch 10 Zentner Delicious. V, der leider nicht gegen einen solchen Schaden versichert ist, trifft an dem Brand kein Verschulden. Als K am 15. 4. die Lieferung von 1 Zentner Delicious verlangt, beruft V sich auf § 275. Zu Recht?[102]

Die Fallfrage ist so konkret gestellt, daß wir uns nicht die Mühe machen müssen, nach einer Anspruchsgrundlage zu suchen, sondern direkt die Frage nach dem Eingreifen von § 275 als mögliches Ergebnis einer gutachtlichen Untersuchung voranstellen können.

■ Welchen Satz würde man z. B. in einer Klausur sinngemäß voranstellen?

▷ »V könnte von seiner Leistungspflicht aus § 433 Abs. 1 S. 1, dem K einen Zentner Delicious-Äpfel liefern zu müssen, gem. § 275 Abs. 1 frei geworden sein, wenn ihm diese Leistung unmöglich geworden ist und er die Unmöglichkeit nicht zu vertreten hat.«
Voraussetzung ist zunächst die Unmöglichkeit der Leistung, zu der V gem. § 433 Abs. 1 S. 1 verpflichtet ist!

■ Ist dem V die Lieferung des bestellten Zentners Delicious-Äpfel unmöglich geworden?

▷ Da diese Äpfel verbrannt sind: ja!

■ Hatte V an K einen *bestimmten* Zentner Delicious-Äpfel zu liefern?

▷ Nur irgendeinen Zentner Delicious-Äpfel!

■ Um welche Art der Schuld in Bezug auf den Leistungsgegenstand handelt es sich?

102 nach *Schmitz*, JuS 1973, S. 297

▷ Um eine Gattungsschuld! Anders als in den letzten Pkw-Fällen. Da wurde immer eine Stück- oder Speziesschuld geschuldet.

■ Könnte in unserem Fall ein Dritter dem K die Leistung »Ein Zentner Delicious-Äpfel« noch erbringen?

▷ Da es sicher noch andere Delicious-Äpfel auf dem Markt gibt: ja!

■ Um welchen Fall der nachträglichen Unmöglichkeit handelt es sich?

▷ Um nachträgliche subjektive Unmöglichkeit bzw. um »Unvermögen« des Schuldners, das in § 275 Abs. 2 (lesen!) angesprochen ist.

■ Welche Rechtsfolgen sieht das Gesetz in diesem Fall vor?

▷ Die gleichen wie in § 275 Abs. 1 (lesen!).
Es liegt nahe anzunehmen, daß § 275 Abs. 2 i. V. m. § 275 Abs. 1 zugunsten des V eingreift und er, da ihm kein Verschulden zur Last fällt, von der Leistungspflicht frei wird.

■ Was könnte dagegen sprechen?

▷ Daß es sich um eine Gattungsschuld handelt!
K wollte von V keinen bestimmten Zentner Delicious-Äpfel, sondern »irgendeinen« Zentner Delicious-Äpfel. Es war ihm gleichgültig, ob dieser aus dem Lager des Obsthändlers V stammt, oder ob dieser den Zentner »Delicious« irgendwo auf dem Markt beschafft. Die gewöhnliche Gattungsschuld ist deshalb, wie bereits angedeutet, eine Beschaffungsschuld, d. h., die Verpflichtung, eine nur der Gattung nach bestimmte Sache zu liefern, schließt die Verpflichtung des Schuldners ein, sich diese Sache wenn nötig zu beschaffen, falls er sie nicht mehr auf Lager hat.

■ Liegt in unserem Fall tatsächlich »Unvermögen« bzw. subjektive nachträgliche Unmöglichkeit auf Seiten des V i. S. v. § 275 Abs. 2 vor?

▷ Da V einen Zentner Delicious-Äpfel jederzeit noch auf dem Obstmarkt beschaffen kann: nein! § 275 Abs. 2 ist deshalb bei der gewöhnlichen Gattungsschuld ausgeschlossen.

■ Wenn Sie die Paragraphen nach § 275 überfliegen, können Sie auch gleich feststellen, durch welche Ihnen bereits bekannte Vorschrift dieser Ausschluß geschieht?

▷ Die Antwort gibt § 279 – lesen!

Ergebnis: V muß sein Unvermögen vertreten, wird also nicht nach § 275 frei, sondern muß aufgrund der Regelung des § 279 noch liefern.

Anders ist das bei der »Vorratsschuld«, die wir schon angesprochen haben[103]. Daß es sich bei der Schuld des Obsthändlers V nicht um eine solche Vorratsschuld, sondern um eine gewöhnliche Gattungsschuld handelt, wird Ihnen klar, wenn Sie sich folgende Abwandlung von Fall 12 durchlesen:

Übungsfall 12	**Abwandlung**
K bestellt 1 Zentner Delicious-Äpfel nicht beim Obst*händler* V, sondern beim Obst*bauern* V aus dessen Obstplantage, und die gesamte Delicious-Ernte verbrennt in der Scheune des V.	

Dem K kommt es offensichtlich darauf an, einen Zentner der guten Bauern-Delicious von V zu bekommen; zwar nicht einen ganz bestimmten Zentner, aber einen aus der Ernte des V, aus dessen Vorrat. Auch für diese »Vorratsschuld« gilt zunächst § 279, da die Vorratsschuld eine Art der Gattungsschuld ist. Allerdings findet die Anwendbarkeit von § 279 bekanntlich ihre Grenzen, wenn der gesamte Vorrat untergegangen ist!

■ Warum? Liegt »Unvermögen«, also subjektive Unmöglichkeit der Leistung des V vor, die der Schuldner dadurch abwenden kann, daß er sich die Äpfel auf dem Markt beschafft?

▷ Die Lieferung von einem Zentner »Delicious« aus dem Vorrat des V ist niemandem mehr möglich, ist also objektiv unmöglich, und diesen Fall umfaßt wiederum § 275 Abs. 1.

§ 279 schließt bei der Gattungsschuld nur den Fall des § 275 Abs. 2 aus!

(Unterstreichen Sie sich in Ihrem Gesetzestext von § 275 Abs. 2 das Wort »Unvermögen« und notieren Sie am Rand »§ 279«.)

In der Fallabwandlung 12 wird V nach unverschuldetem Untergang des gesamten Vorrats von seiner Leistungspflicht gem. § 275 Abs. 1 frei!

Die Bedeutung der Schuldarten sowohl hinsichtlich des Leistungsgegenstandes als auch bezüglich des Leistungsortes im Zusammenhang mit der Unmöglichkeit der Leistung veranschaulicht auch der nächste Übungsfall:

103 oben, S. 45

Übungsfall 13	
Wieder kauft K beim Obst*händler* 1 Zentner Delicious-Äpfel. Die Vertragspartner vereinbaren, daß V die Äpfel auf Verlangen des K an diesen versenden soll. V gibt die Äpfel ordnungsgemäß verpackt als Bahnfracht auf. Unterwegs geht die Ware verloren, ohne daß V daran ein Verschulden trifft. Kann K dennoch die Lieferung eines Zentners Delicious-Äpfel von V verlangen?[104]	

■ Welche Anspruchsgrundlage des K gegen V kommt für das Verlangen des K in Betracht?

▷ Eine der wenigen Vorschriften, die Sie vielleicht schon auswendig können: § 433 Abs. 1 S. 1 (lesen!).

■ Formulieren Sie das für möglich gehaltene Fallergebnis als Einleitungssatz für ein schriftliches Gutachten selbst auf einem Blatt Papier!

▷ »K könnte gegen V einen Anspruch auf Lieferung von einem Zentner Delicious-Äpfel gem. § 433 Abs. 1 S. 1 BGB haben«.

Die Voraussetzung für diesen Anspruch, ein wirksamer Kaufvertrag, ist erfüllt, so daß der Anspruch entstanden ist. Der Anspruch könnte aber erloschen sein, wenn dem V die Leistung unmöglich geworden ist und er diese Unmöglichkeit nicht zu vertreten hat (§ 275 Abs. 1).

■ Wovon hängt es ab, ob die Leistung dem V unmöglich geworden ist oder nicht?

▷ Davon, ob es sich um eine Stück- oder Gattungsschuld handelt!

■ Um welche dieser Schuldarten handelt es sich?

▷ Um eine Gattungsschuld! Dies jedenfalls bei Vertragsschluß, da V dem K (irgend)einen Zentner Delicious-Äpfel »mittlerer Art und Güte« liefern sollte (vgl. § 243 Abs. 1 – *lesen!*).

Aus diesem Grund könnte die Unmöglichkeit aufgrund der Vorschrift des § 279 ausgeschlossen sein. § 279 erfährt aber – außer bei der »Vorratsschuld« – eine weitere Einschränkung. Diese Einschränkung folgt aus § 243 Abs. 2 – *lesen!*

■ Was besagt diese Vorschrift? (Überlegen Sie!)

▷ Wenn der Schuldner das zur Leistung einer Gattungsschuld seinerseits Erforderliche getan hat, beschränkt sich das Schuldverhältnis

104 Fn. 102, a.a.O, S. 298

auf *diese* Sache; anders ausgedrückt: Die Gattungsschuld hat sich in diesem Fall »zur Stückschuld konkretisiert«.

■ Wonach beurteilt man, wann der Schuldner das seinerseits Erforderliche zur Konkretisierung getan bzw. seine vertragliche Leistungshandlung erbracht hat? (Überlegen Sie erst wieder, bevor Sie weiterlesen!)

▷ Nach der Art der Schuld bezüglich des Leistungsortes!

■ Welche Arten der Schuld haben wir dazu kennengelernt?

▷ Hol-, Bring- und Schickschuld![105].

■ Wann hat der Schuldner bei der Holschuld das seinerseits Erforderliche i. S. v. § 243 Abs. 2 getan, damit sich die Gattungsschuld zur Stückschuld konkretisieren konnte?

▷ Bei der Holschuld (Regelfall des § 269!) hat der Schuldner das seinerseits Erforderliche getan, wenn er die für den Gläubiger bestimmte Sache (oder Menge) ausgesondert, bereitgestellt und den Gläubiger davon benachrichtigt hat.
Von diesem Zeitpunkt an hat sich die Gattungsschuld gem. § 243 Abs. 2 zur Stückschuld konkretisiert!

■ Was gilt für die Bringschuld?

▷ Bei der Bringschuld hat der Schuldner das nach § 243 Abs. 2 seinerseits Erforderliche getan, wenn er dem Gläubiger die Sache gebracht und dort tatsächlich angeboten hat.

■ Und bei der Schickschuld?

▷ Bei dieser konkretisiert sich die Gattungsschuld zur Stückschuld, wenn der Schuldner die Sache ordnungsgemäß abgeschickt (oder einer zuverlässigen Transportperson übergeben) hat.

■ Welche Schuldart haben in unserem Fall V und K vereinbart?

▷ Eine Schickschuld! V sollte die Äpfel an K auf dessen Kosten versenden.

■ Hat V das seinerseits Erforderliche getan, damit sich die Gattungsschuld gem. § 243 Abs. 2 zu einer Stückschuld konkretisiert hat?

▷ Er hat die Äpfel ordnungsgemäß verpackt als Bahnfracht aufgegeben, so daß zu diesem Zeitpunkt aus der Gattungsschuld »1 Zentner Delicious-Äpfel« eine Stückschuld bezüglich *dieses* bestimmten

105 Versuchen Sie, sich daran zu erinnern, wann der Schuldner bei diesen Schuldarten jeweils das »seinerseits Erforderliche« (§ 243 Abs. 2) zur Leistungserbringung getan hat! Notieren Sie sich dies auf einem Blatt, bevor Sie weiterlesen und vergleichen Sie dann . . .

Zentners geworden ist. Da diese Äpfel auf der Bahnfahrt vernichtet wurden, ist dem V seine Leistung unmöglich geworden.

■ Welche Art von Unmöglichkeit liegt vor?

▷ Nachträgliche objektive Unmöglichkeit, die V nicht verschuldet hat.

■ Welche Rechtsfolge greift ein?

▷ § 275 Abs. 1: V ist von seiner Leistungspflicht frei geworden, während K den Kaufpreis zahlen muß.

■ Warum muß K den Kaufpreis zahlen, d. h., die Gegenleistung erbringen, obwohl auch er die Unmöglichkeit der Leistung nicht zu vertreten hat? Eigentlich müßte K doch gem. § 323 Abs. 1 von seiner Leistungspflicht frei geworden sein?
Warum ist dies nicht der Fall?

▷ Das Risiko oder die »Gefahr«, trotz des zufälligen, d. h. des von keiner der Vertragsparteien verschuldeten, Untergangs der Sache den Preis dafür zahlen zu müssen, muß der Gläubiger tragen (Preisgefahr). Der Gläubiger hat keinen Anspruch mehr darauf, die Sache zu bekommen, da der Schuldner gem. § 275 Abs. 1 von seiner Leistungspflicht frei wurde. § 323 Abs. 1 kann als allgemeinere Vorschrift zugunsten des Gläubigers nicht eingreifen, da für die Schickschuld die Sondervorschrift des § 447 gilt (Abs. 1 lesen!).[106] K kann in Fall 13 keine Neulieferung der Äpfel mehr verlangen, obwohl er gem. §§ 433 Abs. 2 i. V. m. § 447 Abs. 1 den Kaufpreis zahlen muß!
Neben der »Preisgefahr« kennt das BGB die »Sachgefahr«; das ist das Risiko, *trotz* zufälligen Untergangs der Sache die Leistung noch erbringen zu müssen und *wegen* des Untergangs der Sache diese nicht zu bekommen.

Verdeutlichen Sie sich den Unterschied zwischen Sachgefahr (Synonym = Leistungsgefahr) und Preisgefahr (= Gegenleistungsgefahr) sogleich an Übersicht 10:

106 vgl. oben, Übersicht 6 (S. 49)

Übersicht 10:

<table>
<tr><th colspan="2">Sachgefahr und Preisgefahr</th></tr>
<tr><td>»Sachgefahr«</td><td>»Preisgefahr«</td></tr>
<tr><td colspan="2">Die Frage nach der Gefahrtragung wird immer dann relevant, wenn einer Vertragspartei die Leistung einer Sache und der anderen Partei als Gegenleistung die Bezahlung dieser Sache obliegt.
Man kann deshalb Sachgefahr auch als »Leistungsgefahr« (L) und Preisgefahr als »Gegenleistungsgefahr« (G) bezeichnen.
Was L und G im einzelnen bedeuten, ist aus der Sicht des Leistenden und Gegenleistenden verschieden zu beurteilen:</td></tr>
<tr><td>– Aus der Sicht des Schuldners der Leistung bedeutet L: Das Risiko, die Leistung trotz zufälligen Untergangs des Leistungsgegenstandes noch erbringen zu müssen.</td><td>– G bedeutet aus der Sicht des Schuldners der Leistung bei zufälligem Untergang seines geschuldeten Leistungsgegenstandes das Risiko, die Gegenleistung, also den Preis für die Leistung, nicht zu erhalten.</td></tr>
<tr><td>– Aus der Sicht des Gegenleistenden (Gläubigers): Das Risiko, daß der Schuldner der Leistung bei zufälligem Untergang der Sache von der Leistungspflicht frei wird.</td><td>– Aus der Sicht des Gläubigers der Leistung, d. h. des Schuldners der Gegenleistung, bedeutet G das Risiko, die Gegenleistung erbringen zu müssen (den Preis zahlen zu müssen), ohne die Leistung zu erhalten.</td></tr>
<tr><td colspan="2">Im BGB wird kein terminologischer Unterschied gemacht; dort ist nur von »Gefahr« die Rede. Das liegt daran, daß der Gesetzgeber damals den dahinterstehenden begrifflichen Unterschied selbst noch nicht klar erkannt hatte.</td></tr>
<tr><td colspan="2">Als Faustregel sollte man sich merken:

In den §§ 270 Abs. 1 und 300 Abs. 2 ist mit »Gefahr« die Leistungs-(Sach-)gefahr, in allen übigen Vorschriften, so z. B. in §§ 446, 447 grundsätzlich die Gegenleistungs-(Preis-)gefahr gemeint.</td></tr>
</table>

Literatur zur Vertiefung (5. Kapitel, IV):

Bähr	§ 11
Bickel	Der zerstörte Speiseservice; Jura 1990, S. 592 ff. (Klausur)
Brox	Allg. SchR, § 20
Ehmann/Breitfeld	Der mißglückte Vasenkauf; Jura 1992, S. 539 ff. (Klausur)
Emmerich, T./Sellert	Der Jubiläumskorn; Jura 1989, S. 310 ff. (Klausur)
Klunzinger	§ 34
Löwisch	Schuldrecht AT, § 10
Schwab	Kapitel 12, D

V. Positive Vertragsverletzung

1. Begriff und Abgrenzung

Im »Überblick« zu diesem Kapitel hatten wir die Leistungsstörungen in drei große Gruppen unterteilt.

■ Mit welchen Oberbegriffen wurden diese Gruppen bezeichnet? (Überlegen Sie!)

▷ Zu der ersten Gruppe gehört der Verzug, zur zweiten Gruppe die Unmöglichkeit! Die entsprechenden Leistungsstörungsgruppen hatten wir mit *Späterfüllung* und *Nichterfüllung* bezeichnet, die positive Vertragsverletzung der dritten Gruppe, der *Schlechterfüllung*, zugeordnet.

■ Dabei wurde bereits erwähnt, daß die Schlechterfüllung in zwei grundsätzlichen Formen geschehen kann. (Wissen Sie noch, welche Formen dies sind?)

▷ Zum einen kann die Sache selbst einen Mangel aufweisen, zum anderen können durch die Schlechtlieferung Schäden an anderen Rechtsgütern des Gläubigers als an dem Leistungsgegenstand auftreten.

Gleichfalls wurde schon angedeutet, daß im ersten Fall das im Besonderen Schuldrecht in den §§ 459 ff. geregelte »Gewährleistungsrecht« Anwendung findet und im zweiten Fall die »positive Vertragsverletzung«. Wir werden sogleich einen Übungsfall behandeln, der sowohl die Gewährleistungshaftung für Sachmängel, die »Sachmängelhaftung«, als auch die »positive Vertragsverletzung« anspricht.

Allerdings will ich auf die Sachmängelhaftung nur kurz eingehen, da wir uns damit unten im »Besonderen Schuldrecht« ausführlicher befassen werden.

Übungsfall 14

Kasimir Maunz (K) ist Katzenliebhaber und kauft sich seine 28. Katze. Infolge leichter Fahrlässigkeit hatte der Verkäufer Carlo Vauch (V) bei dem Kätzchen eine ansteckende Seuche nicht bemerkt.
Sämtliche 27 Katzen werden infiziert und alle (inkl. Nr. 28) gehen ein.
Welche Ansprüche hat K gegen V?

Leistungsgegenstand des Kaufvertrages ist das Kätzchen Nr. 28. Daß Tiere nach dem Gesetz den Sachen weitgehend gleichgestellt sind, haben Sie bereits gelernt[107]. Katze Nr. 28 ist die Kaufsache, und diese hat der Verkäufer in einwandfreiem Zustand zu liefern, d. h. die Kaufsache darf keinen Mangel oder Fehler (das Gesetz verwendet beide Ausdrücke identisch) haben. Lesen Sie § 459 Abs. 1 und § 462!

Nach § 459 Abs. 1 haftet der Verkäufer für einen Fehler der Kaufsache, und gem. § 462 hat der Käufer einen Anspruch auf Wandelung oder Minderung. Mit dem, was sich hinter den Begriffen »Fehler«, »Wandelung« und »Minderung« im einzelnen verbirgt, wollen wir uns jetzt noch nicht ausführlich beschäftigen, sondern stellen als Ergebnis nur fest, daß es sich bei der Infektion der Katze um einen Fehler i. S. d. § 459 handelt, für den V haften muß.

Bezüglich der gekauften Katze wird K Wandelung, d. h. Rückgängigmachung des Kaufes gem. § 462 wählen mit der Folge, daß er den Kaufpreis nicht zahlen muß, oder, falls er ihn schon bezahlt hat, über § 467 i. V. m. § 346 zurückfordern kann.

Lesen Sie sich zur ersten Information § 467 S. 1, 1. Halbsatz durch, bevor wir zum Anspruch K gegen V wegen der eingegangenen 27 anderen Katzen übergehen.

107 vgl. meine Grundzüge, Bd. I; S. 29 Fn. 29

Den materiellen Verlust seiner großen Katzenschar kann K über diese Vorschriften nicht ersetzt bekommen; sie betreffen nur die Kaufsache selbst. Es handelt sich nicht um einen »Mangelschaden«, sondern um einen »Mangelfolgeschaden« !

Über Verzug und Unmöglichkeit kommen wir nicht weiter: V hat geliefert und auch nicht zu spät geliefert!

Schadensersatz wegen Nichterfüllung kann K weder nach den §§ (280) 325 noch nach §§ (286) 326 verlangen. Im Rahmen der Vertragserfüllung ist dem K vielmehr ein Schaden entstanden, der von den gesetzlichen Schadensersatzvorschriften für die nicht ordnungsgemäße Erfüllung eines Vertrages nicht erfaßt wird.

Diese gesetzliche Lücke haben Rechtsprechung und Lehre im Wege der Analogie mit dem Rechtsinstitut der »positiven Vertragsverletzung« ausgefüllt.

Was hat »*Schlecht*erfüllung« mit *»positiver«* Vertrags*verletzung* zu tun, werden Sie sich – zu Recht – gefragt haben. Und: Nicht jedes Schuldverhältnis ist ein »Vertrag«.

Der Begriff geht zurück auf einen Juristen namens *Staub,* der bereits früh[108] erkannt hatte, daß der Gesetzgeber des BGB mit der Unmöglichkeit und dem Verzug sowie den Gewährleistungsvorschriften die Fälle der Leistungsstörungen nicht umfassend geregelt hat.

»Vertrags-«Verletzung paßt nicht ganz, weil auch Verletzungen von anderen (z. B. einseitigen) Schuldverhältnissen zur Haftung für Schlechterfüllung führen können. Da *alle* Schuldverhältnisse eine *Forderung* begründen, wird in zahlreichen Lehrbüchern konsequenterweise von »positiver Forderungsverletzung« gesprochen. Nachdem wir dies (nun) wissen, können wir getrost bei dem traditionellen Begriff »positive Vertragsverletzung« bleiben, der gemeinhin (und im folgenden) mit »p. V. V.« abgekürzt wird.

Von »positiver« Vertragsverletzung sprach *Staub*, weil nach seiner Ansicht der Schuldner bei Unmöglichkeit und Verzug *etwas nicht tut* (= leisten bzw. pünktlich leisten!), was er tun sollte, während er bei der p. V. V. *etwas tut* (= schlecht leisten!), was er *nicht* tun sollte . . .

Diese Begründung ist allerdings unglücklich: Der Schuldner z. B., der seine Leistung dadurch unmöglich macht, daß er den Leistungsgegenstand an einen Dritten weiterveräußert, tut ebenfalls etwas, was er *nicht* tun sollte![109]

Trotz dieser feinsinnigen Zweifel an der Korrektheit der Bezeichnung wollen wir den Begriff der »p. V. V.« weiterverwenden. Für die Rechtspraxis ist nicht die dogmatische Bezeichnung dieses Rechtsinstituts entscheidend, sondern seine Voraussetzungen und Rechtsfolgen sind maßgeblich.

108 *Staub,* Die positiven Vertragsverletzungen, 1904!
109 »messerscharf« gesehen von *Larenz,* SchR I AT, § 24 I

2. Voraussetzungen

Was sind nun die Voraussetzungen für einen Anspruch aus p. V. V.? Es sind deren vier:

a) Es muß ein Schuldverhältnis vorliegen.
b) Es muß eine Pflichtverletzung vorliegen, die nicht in Verzug oder Unmöglichkeit besteht (»Schlechterfüllung«).
c) Diese Pflichtverletzung muß vom Schuldner zu vertreten sein (= Verschulden – § 276!).
d) Ein Schaden des Gläubigers an anderen Rechtsgütern als dem Vertragsgegenstand muß entstanden sein.

Prüfen wir diese Voraussetzungen bei unserem Katzenfall:

■ Zu a): Liegt ein Schuldverhältnis vor?
▷ K und V haben einen Kaufvertrag geschlossen!
■ Liegt b) eine Pflichtverletzung des Schuldners V vor, die nicht durch Verzug oder Unmöglichkeit begründet ist?
▷ V hat geliefert (also keine Unmöglichkeit), und er hat pünktlich geliefert (also kein Verzug), aber er hat schlecht geliefert (= krankes Tier).
■ c) Verschulden?
▷ V hat die Krankheit infolge leichter Fahrlässigkeit nicht bemerkt.
■ d) Liegt ein Schaden an anderen Rechtsgütern als dem Leistungsgegenstand vor?
▷ Alle anderen Katzen des K, die in seinem Eigentum standen, sind eingegangen.

3. Rechtsfolgen

V muß dem K für die eingegangenen Katzen Schadensersatz wegen positiver Vertragsverletzung des Kaufvertrages leisten, und zwar gem. § 433 i. V. m. § 242 und §§ 280, 286, 325, 326 »analog«.

■ Warum wird wohl § 242 zur Begründung der Schadensersatzpflicht mitzitiert?
▷ Weil die schlecht erbrachte Leistung dem Gebot des § 242, die Leistung nach Treu und Glauben (= ordnungsgemäß) zu bewirken, widerspricht.
■ Und was haben die §§ 280, 286, 325, 326 mit der p. V. V. gemeinsam?
▷ Alle diese Vorschriften gewähren dem Gläubiger bei nicht ordnungsgemäßer Leistung (Verzug oder Unmöglichkeit) Schadensersatz wegen Nichterfüllung. Da auch bei der p. V. V. wie bei der Unmöglichkeit und dem Verzug nicht ord-

nungsgemäß erfüllt wurde, soll der Gläubiger auch in diesem Fall entsprechend (analog)[110] den genannten Vorschriften Schadensersatz verlangen können!

Da K Schadensersatz wegen Nichterfüllung verlangen kann, richtet sich sein Interesse darauf, von V so gestellt zu werden, als ob ordnungsgemäß erfüllt worden wäre. Sie wissen bereits, daß man dabei von dem »Erfüllungsinteresse« oder dem »positiven Interesse« spricht.

Daß jemand, der zum Schadensersatz verpflichtet ist, den Zustand wiederherzustellen hat, der ohne das schädigende Ereignis noch bestehen würde, ist im Gesetz, wie Sie kürzlich bereits gelernt haben, mit etwas anderen Worten ausdrücklich festgelegt.

■ Wo stehen die Grundregeln über den *Umfang* des Schadensersatzes, die für alle Schuldverhältnisse gelten? (Überlegen Sie zunächst wieder, bevor Sie weiterlesen!)

▷ Haben Sie das noch gewußt? Gemeint sind die allgemeinen schuldrechtlichen Regelungen der §§ 249 ff. !

Lesen Sie nochmals § 249 S. 1 sowie § 251 Abs. 1.

■ Was bedeutet das für unseren Fall?

▷ Da »Naturalrestitution« (= Herstellung des ursprünglichen – beabsichtigten – Zustandes), wie man den Schadensersatz nach § 249 S. 1 auch nennt, nicht mehr möglich ist – denn die verendeten Katzen können leider nicht zum Leben erweckt werden –, muß V den K in Geld entschädigen, damit dieser sich 27 neue Katzen kaufen kann.

Unser »Katzenfall« ist rechtlich gleichgelagert einem Beispiel, das ich Ihnen am Anfang gab, als wir die Leistungsstörung in drei großen Gruppen einteilten: Ich sprach von einem neuen Auto, das K kaufte und dabei aufgrund eines Fehlers in der Bremsanlage einen Unfall erlitt, bei dem er sich verletzte...

Beide Fälle haben gemeinsam, daß die Kaufsache selbst einen Fehler oder Mangel hatte. Man spricht, wie gesagt, von einem »Mangelschaden«, der über das Gewährleistungsrecht reguliert wird. Beide Fälle haben weiterhin gemeinsam, daß durch den Mangel der Kaufsache Schäden an weiteren Rechtsgütern des Käufers eintraten (einmal am Rechtsgut »Eigentum an den anderen Katzen«, im anderen Fall am Rechtsgut »Gesundheit«). Diese »Mangelfolgeschäden« werden vom Gewährleistungsrecht grundsätzlich nicht umfaßt und können über die p. V. V. reguliert werden.

110 hier: Rechtsanalogie – vgl. meine Grundzüge, Bd. I, S. 100, 102

Es gibt aber Fälle, in denen die Kaufsache zwar mangel*frei*(!) geliefert wird, und der Vertrag dennoch, obwohl kein Mangelfolgeschaden vorliegen kann, so schlecht erfüllt wurde, daß ein Anspruch des Gläubigers auf Schadensersatz wegen p. V. V. besteht!

■ Können Sie sich einen solchen Fall vorstellen?

▷ Nein? Lesen Sie nochmals Übungsfall 4[111], dessen vollständige Lösung ich Ihnen noch schuldig bin: Der Verkäufer verlangte dort – zu Recht – die Transportkosten. Der Käufer verlangte Schadensersatz, weil sein Geschäftsführer bei Aufstellung des Gerätes durch eine Unachtsamkeit des Verkäufers verletzt wurde.

Ob zu Recht, können wir nun beantworten:

»Der Käufer A könnte einen Schadensersatzanspruch aus p. V. V. gegen B gem. §§ 242, 280, 286, 325, 326 analog haben.«

■ Welche (vier) Voraussetzungen müssen dafür erfüllt sein? (Notieren Sie sich diese Voraussetzungen auf einem Blatt Papier, bevor Sie weiter lesen!)

▷ Wenn Sie ein gutes Gedächtnis haben, haben Sie notiert:

(1) Schuldverhältnis, (2) Pflichtverletzung, die weder auf Unmöglichkeit noch Verzug beruht, (3) Vertretenmüssen (Verschulden), (4) Schaden des Gläubigers, der nicht über Gewährleistungsvorschriften ersetzt wird.

Subsumieren wir den Sachverhalt unter diese rechtlichen Voraussetzungen:

A und B haben einen Kaufvertrag (= Schuldverhältnis) i. S. v. § 433 geschlossen. Da B lieferte, und dies auch pünktlich, liegen weder Unmöglichkeit noch Verzug vor. B hat allerdings eine vertragliche Schutz- und Sorgfaltspflicht verletzt, die jeder Vertragspartner bei der Erfüllung eines Vertrages beachten muß:

Bei der Erfüllung des Vertrages muß jeder Vertragspartner darauf achten, daß dem anderen durch die oder bei der Erfüllung des Vertrages kein Schaden entsteht. Der Geschäftsführer von A wurde bei der Vertragserfüllung durch B verletzt. Da die Leute der Firma B »unachtsam« waren, handelten sie fahrlässig, so daß Verschulden von B i. S. v. § 276 Abs. 1 gem. § 278 vorliegt.

111 oben, *S. 38*

Schließlich ist auch die vierte Voraussetzung (Schaden) für den Anspruch des A gegen B aus p. V. V. erfüllt, da A's Geschäftsführer für die Heilung seiner Verletzung Arztkosten zahlen muß.

Weiteres Beispiel für diese Art der p. V. V. ist folgendes: Sie sitzen in einer gemütlichen Kölner Kneipe und freuen sich u. a. auf die bestellte Suppe (»Kölsch« genannt). Als der Wirt sie Ihnen bringt, stolpert er über seine eigenen Füße, und die gute Suppe ergießt sich über Ihre schöne neue Wildlederjacke . . .

Auch in diesem Fall haben Sie bezüglich des Schadens an der Wildlederjacke einen Schadensersatzanspruch gegen den Wirt wegen p. V. V. gem. §§ 242, (280, 286)[112], 325, 326 analog.

Lesen Sie zur p. V. V. Übersicht 11 *auf der gegenüberliegenden Seite:*

Literatur zur Vertiefung (5. Kapitel, V):

Alpmann und Schmidt	Schuldrecht AT 1, S. 151–166
Brox	Allg. SchR, § 22
Klunzinger	§ 36
Merle	Der unsorgfältige Elektriker; Jura 1990, S. 536 ff. (Klausur)
Musielak	§ 6 V
Schreiber/Fiebig	Der Sturz aus dem Fahrstuhl; Jura 1992, S. 488 ff. (Klausur)

112 dazu ausführlicher noch unten, S. 128 ff.

Übersicht 11:

Leistungsstörungen

V. Positive Vertragsverletzung (p.V.V.)

Unter *»p. V. V.«* versteht man *jede auf Verschulden beruhende Leistungsstörung* eines Schuldverhältnisses, *die nicht in Unmöglichkeit oder Verzug besteht und nicht durch das Gewährleistungsrecht erfaßt* wird.
(Auch: »Positive Forderungsverletzung«, da nicht nur bei Verträgen, sondern bei allen – auch einseitig verpflichtenden – Schuldverhältnissen möglich)
Haftungsgrund: § 242 mit *Analogie* zu Unmöglichkeit und Verzug (*Klausur:* »Anspruch auf Schadensersatz aus p.V.V. beim – z.B. – Kaufvertrag gem. §§ 242 i. V. m. 280, 286, 325, 326 analog)

Voraussetzungen (Prüfungsreihenfolge):
1. Wirksames Schuldverhältnis
2. Vertragliche Pflichtverletzung des Schuldners, die weder in Unmöglichkeit noch in Verzug besteht (= *Schlechterfüllung*)
3. Pflichtverletzung muß vom Schuldner zu vertreten sein (= § 276)
4. Schaden des Gläubigers an anderen Rechtsgütern als dem Leistungsgegenstand, bzw. Schaden am Leistungsgegenstand, der nicht unter die Voraussetzungen von Gewährleistungsvorschriften fällt.

→ zu 2. – *Möglichkeiten:*

a) Schlechterfüllung besteht in Lieferung von *mangelhaftem* Leistungsgegenstand. Durch den Mangel entsteht der Schaden zu 4. = *Mangelfolgeschaden* (für den reinen Mangelschaden gilt Gewährleistungsrecht).
b) Leistungsgegenstand ist *mangelfrei, aber Schlechterfüllung*, weil Schuldner bei Vertragserfüllung Schutz- und Sorgfaltspflicht mißachtet hat. Dadurch entsteht Schaden zu 4.

Rechtsfolge: *Schadensersatz* (wegen Nichterfüllung) = Ersatz des positiven Interesses bzw. des Erfüllungsinteresses = Der Geschädigte ist so zu stellen, wie er *im Falle ordnungsgemäßer Erfüllung* gestanden hätte.
Grundsatz: § 249 = »Naturalrestitution« = Wiederherstellung des früheren Zustandes; falls nicht möglich: § 251

VI. Verschulden beim Vertragsschluß (culpa in contrahendo)

1. Begriff – Haftungsgrund

Übungsfall 15
Kümmerling (K) will von Valentin (V) ein Haus kaufen, das er natürlich vorher besichtigen will. Da V keine Zeit hat, gibt er dem K den Hausschlüssel, damit dieser die Besichtigung allein vornehmen kann. V vergißt, dem K zu sagen, daß das Haus baufällig ist und Einsturzgefahr besteht. Bei der Besichtigung löst sich Mauerwerk aus einer Decke, wodurch K erheblich verletzt wird. Welche Ansprüche hat K gegen V?

Nachdem Sie soeben die positive Vertragsverletzung kennengelernt haben, liegt es nahe zu fragen:

■ Kommt auch in diesem Fall ein Anspruch aus p. V. V. in Betracht? Überlegen Sie, welche (vier) Voraussetzungen für diesen Anspruch erfüllt sein müssen[113]!

▷ Sicherlich haben Sie bemerkt, daß schon die erste Voraussetzung nicht erfüllt ist:
Zwischen V und K ist zwar ein Vertrag beabsichtigt, aber noch nicht geschlossen worden. Es fehlt an einem wirksamen vertraglichen Schuldverhältnis.

Dennoch liegt es nahe, daß V für den Schaden aufkommen muß: er wußte, daß Einsturzgefahr bestand. V und K haben zwar noch keinen Vertrag geschlossen, aus dem K die Verletzung einer Sorgfaltspflicht des V begründen könnte, sie standen aber schon in Vertragsverhandlungen. Sie befanden sich in einem vorvertraglichen Stadium.

Rechtsprechung[114] und Lehre[115] haben für solche Fälle das Rechtsinstitut der Haftung für »Verschulden bei(m) Vertragsschluß« entwickelt, das meist mit dem lateinischen Ausdruck »culpa in contrahendo« (abgekürzt: »c. i. c.«) bezeichnet wird.

Man begründet diese Haftungsregel – wiederum in Anlehnung an § 242 – wie folgt:

113 Blättern Sie ggf. zurück: Übersicht 11!
114 vgl. etwa BGH NJW 1979, 1983
115 Das Rechtsinstitut der »c. i. c.« wurde »entdeckt« von dem namhaften Juristen Rudolph von Jhering (1818–1892): Culpa in contrahendo oder Schadensersatz bei nichtigen oder nicht zur Perfektion gelangten Verträgen, JherJb 4 (1861), 1 ff.

Wenn Personen in Vertragsverhandlungen eintreten, entsteht ein vertragsähnliches Vertrauensverhältnis, in dessen Rahmen jeder Teil darauf zu achten hat, daß er dem anderen nicht schuldhaft einen Schaden zufügt.

Im Prinzip geht es um die gleichen Schutz- und Sorgfaltspflichten wie bei der p. V. V. mit dem Unterschied, daß sie schon vor dem Zustandekommen eines wirksamen Vertrages bestehen.

Daß die Vertragspartner bereits im Stadium der Verhandlungen über einen beabsichtigten Vertrag (vorvertragliches Stadium) Sorgfaltspflichten beachten müssen, deren Verletzung zum Schadensersatz verpflichten kann, hat der Gesetzgeber übrigens in einer Reihe von Vorschriften berücksichtigt, ohne dies ausdrücklich so zu formulieren. Drei dieser Vorschriften haben Sie schon kennengelernt: §§ 122 Abs. 1, 179 Abs. 2 und 307 Abs. 1 S. 1 (nachlesen!!). Diese Paragraphen sind die entsprechende (analoge)[116] Haftungsgrundlage für die »c. i. c.«. Denn ähnlich wie in diesen Einzelvorschriften vorausgesetzt gilt im Vertragsrecht ganz allgemein, daß bereits bei Beginn von Vertragsverhandlungen – auch schon vor einem bindenden Vertragsangebot und ohne Rücksicht auf einen später zustandegekommenen Vertrag – zwischen den Parteien ein vertragsähnliches Vertrauensverhältnis entsteht, bei dessen schuldhafter Verletzung der Betreffende auf Schadensersatz haftet[117].

2. Voraussetzungen der Haftung

Damit ein Anspruch aus c. i. c. begründet ist, müssen (in »klausurrelevanter Schematisierung«) folgende vier Voraussetzungen erfüllt sein:

(1) Vorvertragliches Schuldverhältnis
(Das ist regelmäßig der Fall, wenn Vertragsverhandlungen aufgenommen wurden, aber auch schon, wenn sich jemand zur Kontaktaufnahme in den Geschäftsbereich[118] des künftigen Vertragspartners begibt[119].)

116 dazu sogleich unter »3«
117 vgl. *Creifelds,* S. 1277
118 *Palandt/Heinrichs,* § 276, Rdnr. 65
119 Schulbeispiel ist immer wieder (vgl. z. B. *Alpmann und Schmidt,* SchR AT 1, Fall 54, S. 188 oder *Löwisch,* SchR AT, Fall 94, S. 137) der sog. »Bananenschalen-Fall« (RGZ 95, 58). Vereinfacht: Sie betreten mit Kauf-(vertragsschluß)absicht ein Warenhaus, rutschen auf einer Bananenschale

(2) Verletzung einer Schutz- oder Sorgfaltspflicht durch einen der (potentiellen) Vertragspartner (auch Aufklärungspflichten)
(3) Verschulden (§ 276)
(4) Schaden als Folge der Pflichtverletzung

■ Versuchen Sie selbst, den Sachverhalt von Fall 15 unter diese Anspruchsvoraussetzungen zu subsumieren[120]!

▷ (1) K und V haben bereits Verhandlungen über den Hauskaufvertrag aufgenommen. Damit besteht ein vorvertragliches Schuldverhältnis.
(2) V hat vergessen, den K über die Einsturzgefahr aufzuklären und somit eine Sorgfaltspflicht verletzt.
(3) V hat die im Verkehr erforderliche Sorgfalt außer acht gelassen und somit fahrlässig, d. h. schuldhaft i. S. v. § 276 Abs. 1 S. 1 *(lesen!)* gehandelt.
(4) K hat dadurch einen Schaden erlitten, da er erheblich verletzt wurde, was regelmäßig Arzt- oder gar Krankenhauskosten zur Folge hat.

3. Rechtsfolgen

Rechtsfolge des Verschuldens beim Vertragsschluß ist die Verpflichtung des Schädigers zum Schadensersatz. Für den *Umfang* des Schadensersatzes gilt – »wie immer« – die Grundregel des § 249 S. 1 (lesen)! Danach muß der Verpflichtete den Zustand herstellen, der bestehen würde, wenn der zum Ersatz verpflichtende Umstand nicht eingetreten wäre. Da noch kein Vertrag bestanden hat, bedeutet das, daß *der* Schaden zu ersetzen ist, den der Berechtigte dadurch erlitten hat, daß er auf das Zustandekommen des Vertrages bei korrektem Verhalten des Partners vertraut hat.

Ersetzt wird das »negative Interesse« oder »Vertrauensinteresse«.

■ Wie ist der Geschädigte dabei zu stellen?

▷ Der Geschädigte ist so zu stellen, wie er gestanden hätte, wenn er *nicht* auf ein ordnungsgemäßes Zustandekommen des Vertrages vertraut hätte. Haftungsgrundlage für die c. i. c. sind (s. o.) neben § 242

aus, die eine Angestellte des Warenhausinhabers achtlos weggeworfen hat, und brechen sich einen Knöchel.

120 vgl. meine Grundzüge, Bd. I, Übersicht 15

die §§ 122, 179, 307 analog, alles Vorschriften, nach denen ein Vertrauensschaden ersetzt wird[121].

Wiederholen Sie das Wichtigste über c. i. c. anhand von Übersicht 12:

Übersicht 12:

Leistungsstörungen	
VI. Verschulden bei/vor Vertragsschluß = culpa in contrahendo (c.i.c.)	
Durch die Aufnahme von Vertragsverhandlungen entsteht ein vertragsähnliches Vertrauensverhältnis (vorvertragliches Schuldverhältnis), in dessen Rahmen jeder Teil darauf zu achten hat, daß er dem anderen nicht schuldhaft einen Schaden zugefügt. Liegt ein solches »Verschulden bei Vertragsschluß« (culpa in contrahendo = c.i.c.) vor, haftet der Schädiger auf Schadensersatz.	
Haftungsgrund:	§ 242 sowie (analog) Vorschriften über Vertrauensschaden (§§ 122, 179, 307) (Klausur: »Anspruch auf Schadensersatz aus culpa in contrahendo gem. §§ 242 i.V.m. 122, 179, 307 *analog*«)
Voraussetzungen:	1. Vorvertragliches (vertragsähnliches) Schuldverhältnis (Vertragsverhandlungen; geschäftlicher Kontakt) 2. Pflichtverletzung (Schutz- und Sorgfaltspflicht) 3. Verschulden (§ 276) 4. Schaden
Rechtsfolge:	Schadensersatz – Umfang § 249; hier: Ersatz des negativen Interesses = Vertrauensschaden = Geschädigter ist so zu stellen, wie er gestanden hätte, wenn er *nicht* auf das ordnungsgemäße Zustandekommen des Vertrages *vertraut* hätte!

Literatur zur Vertiefung (5. Kapitel, VI):

Alpmann und Schmidt	Schuldrecht AT 1, S. 175–200
Bähr	§ 12 IV
Brox	Allg. SchR, § 4 V
Löwisch	Schuldrecht AT, § 11
Musielak	§ 6, Anhang

121 s. o. Fn. 116

VII. Wegfall der Geschäftsgrundlage

1. Begriff und Abgrenzung

Im Bürgerlichen Recht gilt bekanntlich der (dem römischen Recht nachempfundene) Grundsatz »Verträge sind zu halten« (pacta sunt servanda), auch wenn dies aus dem Gesetzeswortlaut nicht wörtlich zu entnehmen ist[122]. Dieser Grundsatz gilt selbstverständlich für beide Vertragsparteien. Solange sich die eine Partei vertragsgerecht und rechtmäßig verhält, sind die Möglichkeiten der anderen Partei, sich von dem einmal geschlossenen Vertrag zu lösen, begrenzt: Anfechtung, Kündigung oder Rücktritt, um nur die wichtigsten zu nennen, sind nur unter ganz bestimmten gesetzlichen (oder vertraglich vereinbarten) Voraussetzungen möglich. Denkbar (und eingetreten) sind indessen Fälle, in denen die gesetzlichen Voraussetzungen, sich vom Vertrag zu lösen, nicht vorliegen und es zumindest für eine Partei unzumutbar erscheint, am Grundsatz der Vertragstreue festzuhalten.[123]

Lesen Sie hierzu den folgenden Übungsfall.

122 *Zu »pacta sunt servanda« vgl. meine Grundzüge, Bd. I, S. 115, Fn. 66*

123 *»Dogmatisch« (vgl. oben Fn. 93) hat die Lehre vom Wegfall der Geschäftsgrundlage (WGG) mit den Leistungsstörungen eigentlich ebensowenig gemein wie die c. i. c.. Warum(?): Die c. i. c. ist keine Leistungsstörung, weil – mangels eines wirksamen Vertrages – noch niemand zur Leistung verpflichtet ist. Der WGG ist keine Leistungsstörung, wenn er dazu führt, daß der Vertrag aufzulösen ist, weil er der veränderten Situation nicht angepaßt werden kann: Sind keine Leistungen zu erbringen, weil kein Vertrag (mehr) dazu verpflichtet, können diese Leistungen auch nicht »gestört« sein . . .*
Da der Vertrag aber als Folge des WGG – so oder so – anders abgewickelt wird als bei Vertragsschluß von den Parteien beabsichtigt, worin letztlich doch eine »Störung« der ganzen Vertragsabwicklung liegt, wird auch der WGG in diesem Kapitel vorgestellt.

Übungsfall 16

A verpachtet an B für neun Jahre eine Kneipe, die neben einer großen Fabrik liegt. Die Kneipe wird überwiegend von den Beschäftigten dieser Fabrik aufgesucht und ist sowohl mittags als auch abends voll. Beide Vertragspartner wissen von diesem Zustand und einigen sich deshalb auf einen außergewöhnlich hohen Pachtzins. Es wäre ein erheblich geringerer Pachtzins vereinbart worden, wenn die Kneipe nicht neben dieser hohen Umsatz garantierenden Fabrik läge. Nachdem der Eigentümer der Fabrik ein Jahr nach Abschluß des Pachtvertrages in Konkurs fällt, wird die Fabrik geschlossen, und alle Arbeiter werden entlassen. Dies hat zur Folge, daß B mangels genügender Einnahmen die hohe Pacht nicht mehr bezahlen kann.

Kann B sich vom Vertrag lösen oder kann A aufgrund des Pachtvertrages die hohe Pacht weiterhin verlangen?*

Versetzen Sie sich in die Lage des B und suchen Sie Lösungsmöglichkeiten!

■ Woran wird man zunächst sicherlich denken?

▷ An eine Anfechtung wegen Irrtums gem. § 119 (Vorschrift ganz lesen!).

Da Sie das Anfechtungsrecht mittlerweile sicher beherrschen, haben Sie natürlich sofort gemerkt, daß zum Zeitpunkt des Vertragsschlusses auf Seiten des B weder ein Erklärungs- noch ein Inhaltsirrtum i. S. v. § 119 Abs. 1 vorlagen. Ebensowenig sind die Voraussetzungen von § 119 Abs. 2 erfüllt: B irrte sich nicht über eine wesentliche Eigenschaft seines Vertragspartners A und auch nicht über eine solche des Vertragsgegenstandes.

Die – irrige – Annahme, daß der großen Umsatz garantierende Besuch durch die Fabrikarbeiter immer so bleiben würde, war lediglich ein unbeachtlicher Motivirrtum!

Zwar ging auch A bei Vereinbarung des hohen Pachtzinses offensichtlich davon aus, daß die Fabrikarbeiter weiterhin für hohen Umsatz sorgen würden, doch läßt sich daraus nicht konstruieren, daß es die vertragliche Leistungspflicht des A war, eine Gaststätte »mit hohem Umsatz« zu verpachten, was ihm nunmehr »unmöglich« geworden ist . . . Die Leistungspflicht des Verpächters besteht allein in der Gebrauchsüberlassung der Pachtsache zur Nutzung (»Genuß der Früchte, vgl. § 581 Abs. 1 S. 1 – lesen!). Diese Leistung ist ihm noch

* nach *Alpmann und Schmidt,* SchR AT 2, Fall 73, S. 257

möglich, so daß auch ein Rücktritt gem. § 325 Abs. 1 keinesfalls in Betracht kommt.

Schließlich liegen auch die Voraussetzungen einer fristlosen Kündigung gem. §§ 594 e i. V. m. 542 (die Sie ausnahmsweise nicht lesen müssen) des Pachtvertrages durch B nicht vor. Da das Gesetz einen Fall wie diesen nicht erfaßt hat, haben Rechtsprechung und Schrifttum hierzu die auf § 242 beruhende Lehre vom Fehlen bzw. Wegfall der Geschäftsgrundlage entwickelt[124].

In unserem Beispiel ist der Umstand, daß die Fabrikarbeiter maßgeblich für den Umsatz in der Kneipe sorgen, für beide Vertragsparteien »Geschäftsgrundlage« gewesen. Nehmen beide Vertragsparteien einen solchen Umstand schon bei Vertragsschluß an, ohne daß dieser Umstand besteht, bezeichnet man dies als »Fehlen der Geschäftsgrundlage«; entfällt dieser Umstand erst nach Vertragsschluß, handelt es sich um den »Wegfall der Geschäftsgrundlage«. Da Voraussetzungen und Rechtsfolgen bei Fehlen oder Wegfall der Geschäftsgrundlage gleich sind, spreche ich im folgenden vornehmlich nur noch vom häufigeren Fall, vom Wegfall der Geschäftsgrundlage.

2. Fallkonstellationen

Ein Wegfall der Geschäftsgrundlage (WGG) kommt vor allem in drei Fällen in Betracht. Da wir uns mit dem Rechtsinstitut des WGG nicht allzu ausführlich beschäftigen wollen, sehen wir uns diese drei Grundfälle sogleich anhand der folgenden Übersicht 13 (Teil 1) an:

124 Die Lehre vom WGG wurde maßgeblich entwickelt von *Oertmann (Die Geschäftsgrundlage. Ein neuer Rechtsbegriff, 1921)* und geht zurück auf *Windscheid (Die Lehre des römischen Rechts von der Voraussetzung, 1850).* Das RG *(z. B. RGZ 103, 320/332; 168, 121/126)* hatte diese Lehre vor allem in der Zeit nach dem ersten Weltkrieg anzuwenden, um bestehende Vertragsverhältnisse den einschneidenden wirtschaftlichen Veränderungen der Inflationszeit anpassen zu können *(vgl. Brox, Allg. SchR, Rdnr. 84)*

Übersicht 13 (Teil 1):

Wegfall (Fehlen) der Geschäftsgrundlage (WGG)	
I. Fallkonstellationen	
1.	Die Parteien gehen bei Vertragsabschluß davon aus, daß der Leistungsgegenstand zu einem bestimmten Zweck verwendet werden kann, und es stellt sich später heraus, daß dieser Zweck nicht erreicht werden kann. (= WGG wegen *Zweckstörung*)
2.	Die Parteien sind bei Abschluß eines (gegenseitigen) Vertrages davon ausgegangen, daß Leistung und Gegenleistung im Wert einander entsprechen und daß dieses *Wertverhältnis* erhalten bleibe. Später geraten infolge politischer oder wirtschaftlicher Veränderungen Leistung und Gegenleistung in ein grobes Mißverhältnis; sie sind nicht mehr gleichwertig (= äquivalent). (= WGG wegen *Äquivalenzstörung*)
3.	Die Parteien schließen den Vertrag, weil beide vom Vorhandensein eines bestimmten Umstandes ausgehen, der für die Abwicklung des Vertrages von entscheidender Bedeutung ist, und später stellt sich heraus, daß *beide* Parteien sich über diesen Umstand irrten. (= WGG wegen *gemeinsamen Irrtums*)

■ Überlegen Sie, welche dieser drei Konstellationen in Fall 16 vorliegt!

▷ A und B gingen davon aus, daß der besonders hohe Pachtzins gerechtfertigt sei, weil die Gaststätte überwiegend von den Fabrikarbeitern besucht wurde. Dem hohen Pachtzins stand als Gegenwert der »garantierte« gute Besuch der gepachteten Kneipe durch die Fabrikarbeiter gegenüber. Dieses *Wertverhältnis von Leistung und Gegenleistung* ist durch den Konkurs der Firma, d. h. durch wirtschaftliche Veränderungen, derart verschoben worden, daß ein Wegfall der Geschäftsgrundlage in Form einer *Äquivalenzstörung* vorliegt (= zweite Fallkonstellation).

3. Voraussetzungen

Bevor man die Lehre vom WGG auf einen Fall anwenden kann, sind die folgenden Voraussetzungen zu prüfen, die Sie sich (in »prüfungs-« bzw. »klausurschematischer Reihenfolge«) mit Hilfe der nächsten Übersicht 13 (Teil 2) einprägen sollten:

Übersicht 13 (Teil 2):

Wegfall (Fehlen) der Geschäftsgrundlage	
II. Voraussetzungen (Prüfungsreihenfolge)	
1.	Regelungslücke im Gesetz[125] (z.B. Anfechtung nach §§ 119 ff. ist nicht möglich; Vorschriften über Leistungsstörungen, insbesondere Rücktritt wegen Unmöglichkeit, sind ebensowenig anwendbar wie Kündigungsvorschriften)
2.	Die Parteien müssen bei Vertragsabschluß gemeinsam vom Vorhandensein oder Eintritt eines bestimmten Umstandes ausgegangen sein.
3.	Dieser Umstand muß zur Grundlage (Geschäftsgrundlage) des Vertrages gemacht worden sein. (*Faustregel:* Hätten die Parteien für möglich gehalten, daß der Umstand entfällt oder fehlt, hätten sie sein Bestehen zur Bedingung – vgl. § 158 – für die Wirksamkeit des Vertrages gemacht!)
4.	Dieser Umstand war bei Abschluß des Vertrages tatsächlich nicht vorhanden oder ist später weggefallen.
5.	Es darf der Partei, die sich auf WGG beruft, nicht *zumutbar* sein, am Vertrag festhalten zu müssen.

125 *Hinweis: Im Versicherungsrecht sind die Regeln über den WGG bei Gefahrenerhöhung nicht anwendbar, da das VVG Sonderregelungen (§§ 16, 25, 27 VVG) enthält.*

4. Rechtsfolgen des WGG

Auch die Rechtsfolgen des Wegfalls der Geschäftsgrundlage wollen wir sofort auf Übersicht 13 (Teil 3) betrachten:

Übersicht 13 (Teil 3):

Wegfall (Fehlen) der Geschäftsgrundlage	
III. Rechtsfolgen	
1.	Anpassung des Vertrages an die veränderte Situation (= mit welchem Inhalt hätten die Parteien den Vertrag vernünftigerweise geschlossen, wenn sie die veränderte Situation bedacht hätten?)
	oder
2.	Auflösung und Rückabwicklung des Vertrages, wenn Anpassung nicht möglich oder nicht zumutbar ist (für Rückabwicklung gelten die Regeln über »ungerechtfertigte Bereicherung« = §§ 812 ff.)

Wir wollen das, was wir zum WGG – insbesondere aus den drei Teilübersichten – gelernt haben, abschließend auf einen Übungsfall praktisch anwenden, der als einer der Standardfälle[126] für den WGG gilt:

Übungsfall 17

A, Fußballfan des 1. FCK, wohnt in der Hohen Straße in Köln. Anläßlich des sicher scheinenden Gewinns der Deutschen Fußballmeisterschaft des 1. FCK (was es ja vor Urzeiten schon einmal gegeben haben soll) soll die Mannschaft am 31. 5. im offenen Wagen einer deutschen Renommierfirma auch durch die Hohe Straße fahren. A vermietet zur Besichtigung des Umzuges Fensterplätze in seiner Wohnung. B bezahlt bereits im April an A 100,– DM für einen Platz. Am 25. 5. wird bekannt, daß der 1. FCK es (wieder einmal) nicht geschafft hat. Der Umzug findet in diesem Jahr in München statt ...

B verlangt das Geld zurück, weil er meint, daß A sich an den 100,– DM gem. § 812 ungerechtfertigt bereichert habe.

Zu Recht?

126 vgl. auch *Alpmann und Schmidt*, SchR AT 2, Fall 54, S. 262

■ Überlegen Sie wieder selbst, wie dieser Fall gelöst werden könnte! Machen Sie sich einige Notizen dazu, bevor Sie die nachfolgende Lösungsskizze lesen!

▷ (1) Zu denken ist an einen Anspruch aus ungerechtfertigter Bereicherung gem. § 812 (auf den sich B ausdrücklich beruft) auf Herausgabe der 100,– DM (§ 812 Abs. 1 S. 1, 1. Var. – lesen!).
Dann müßte A etwas »ohne rechtlichen Grund« erlangt haben. Rechtsgrund für den Empfang der 100,– DM ist der Mietvertrag nach § 535 (lesen).
Ohne rechtlichen Grund hätte A nur etwas erlangt, wenn A und B den Vertrag unter der auflösenden Bedingung (§ 158 Abs. 2 – lesen) geschlossen hätten, daß der Vertrag bei Ausfall des Umzugs von Anfang an ungültig sein soll. Beide gingen aber offensichtlich als optimistische Fans davon aus, daß der 1. FCK seinen Triumphzug durch die Stadt durchführen werde. Der Mietvertrag ist gültig und ein Rechtsgrund für die Zahlung von 100,– DM vorhanden, so daß ein Anspruch aus ungerechtfertigter Bereicherung nach § 812 Abs. 1 S. 1, 1. Var. entfällt.

(2) Man könnte auch daran denken, daß die Mietsache, weil der Fensterplatz speziell zur Besichtigung des Umzugs gemietet wurde, einen Mangel hatte, und B deswegen nach § 537 Abs. 1 (lesen) nicht zur Zahlung des Mietzinses verpflichtet war.
Das erscheint nicht ganz so abwegig, wie es zunächst klingt, da B die Mietsache nicht zu dem Zweck gebrauchen konnte, zu dem er sie gemietet hatte. Tatsache aber ist, daß er die Mietsache als solche gebrauchen konnte, und zu welchem Zweck er sie gebrauchen wollte, ist seine Sache und fällt grundsätzlich nicht in den Risikobereich des Vermieters.

(3) Man könnte schließlich auch daran denken, daß dem Vermieter A seine Leistungspflicht, dem Mieter B die Mietsache zum vereinbarten Gebrauch zu überlassen, aufgrund eines Umstandes unmöglich geworden ist, den keiner der beiden Vertragspartner zu vertreten hat.

■ Zur Wiederholung eine (ernsthafte) Zwischenfrage:
Welche Vorschriften würden Anwendung finden?

▷ § 323 Abs. 1 und § 275 Abs. 1 (Vorschriften lesen!): Leistungspflicht und Gegenleistungspflicht entfallen dann, wie wir wissen. Da B seine Leistung von 100,– DM schon erbracht hat, könnte er sie gem. § 323 Abs. 3 (lesen!) als ungerechtfertigte Bereicherung herausverlangen, was er auch will.
Diese Zwischenfrage ist aber reine Hypothese; denn Leistungspflicht des A war es nur, dem B den Gebrauch des Fensterplatzes zu verschaffen. Zu welchem *Zweck* B den Platz gebrauchen wollte, liegt wie gesagt, außerhalb des Risikobereichs des Vermieters.
Die reine Gebrauchsüberlassung ist auch ohne Umzug möglich, so daß man über Unmöglichkeit der Leistung nicht weiterkommt! Anders ausgedrückt: A hatte die vertragliche Pflicht, den Fensterplatz zur Verfügung zu stellen, nicht aber für die Durchführung des Umzugs zu sorgen! Dem A ist die Erbringung der geschuldeten Leistung aus dem Mietvertrag noch möglich. Der Gläubiger B

kann den Leistungsgegenstand allerdings nicht zum gemeinsam vorgesehenen Zweck verwenden.

(4) Es liegt eine sogenannte Zweckstörung vor (vgl. oben Übersicht 13, Teil 1/I, 1.), die weder durch die Unmöglichkeitsvorschriften noch durch eine andere gesetzliche Regelung erfaßt wird. Diese Zweckstörung ist nach den Regeln des WGG zu behandeln. Prüfen wir die Voraussetzungen des WGG für unseren Fall (vgl. dazu nochmals Übersicht 13, Teil 2/II, 1–5):
   a) Eine Regelungslücke im Gesetz liegt, wie soeben festgestellt, vor.
   b) Sowohl A als auch B gingen bei Vertragsschluß vom Eintritt eines bestimmten Umstandes (Stattfinden des Umzuges) aus.
   c) Das Stattfinden des Umzuges wurde auch zur Geschäftsgrundlage des Vertrages gemacht: Hätten es beide Fans für möglich gehalten, daß der Umzug nicht stattfindet, hätten sie das Stattfinden des Umzuges zur aufschiebenden Bedingung (§ 158 Abs. 1) für die Wirksamkeit des Vertrages gemacht oder den Vertrag für den Fall des Nichtstattfindens des Umzugs unter der auflösenden Bedingung gem. § 158 Abs. 2 geschlossen (§ 158 nochmals ganz lesen!).
   d) Diese Geschäftsgrundlage ist nach Vertragsschluß weggefallen.
   e) Es ist dem B nicht zumutbar, am Vertrag festzuhalten: Dann müßte B warten, bis der 1. FCK Deutscher Fußballmeister wird, was möglicherweise zu seinen Lebzeiten nicht mehr vorkommt . . .

Da alle Voraussetzungen des WGG erfüllt sind, muß überlegt werden, ob als Rechtsfolge die Anpassung des Vertrages an die veränderte Sachlage möglich ist, was zu verneinen ist. Der Mietvertrag ist deshalb aufzulösen! Danach ist der rechtliche Grund für die Zahlung der DM 100,– durch B weggefallen[127], so daß § 812 Abs. 1 S. 2, 1. Var. wegen Wegfalls der Geschäftsgrundlage die richtige Anspruchsgrundlage für B ist[128].

127 »Rechtlicher Grund« für die Leistung war der nun aufgelöste (weggefallene) Mietvertrag!

128 Mit § 812 befassen wir uns noch ausführlicher (Teilband 2, S. 123 ff.)

Literatur zur Vertiefung (5. Kapitel, VII):

Esser/Schmidt	§ 24
Larenz	Schuldrecht I, § 21 II
Musielak	§ 5 I
Westermann, H.P.	Schuldrecht AT, § 12

VIII. Reform(bedürftigkeit) des Schuldrechts

Seit dem Inkrafttreten des deutschen Bürgerlichen Gesetzbuches am 1.1.1900 hat von seinen fünf Büchern das Schuldrecht durch die Anforderungen der Praxis die stärkste Ausdehnung erfahren. Dabei wurde die Ausdehnung des Rechtsstoffes, von relativ wenigen Gesetzesänderungen abgesehen, von Rechtsprechung und Lehre bewältigt[129]. Gesetzeslücken wurden weitgehend durch Analogien zu den gesetzlich geregelten Tatbeständen des Schuldrechts geschlossen, wie insbesondere die Ausführungen zu den vorhergehenden Abschnitten über die »positive Vertragsverletzung«, die »culpa in contrahendo« und den »Wegfall der Geschäftsgrundlage« gezeigt haben.

»Warum war es in nahezu hundert Jahren nicht möglich gewesen, diese Analogie-Rechtsinstitute in Gesetzesparagraphen des BGB niederzulegen?« fragt der »Laie« – und der »Fachmann« wundert sich, muß die spontane Antwort schuldig bleiben oder die Antwort in einem ausführlichen Fachbeitrag (Aufsatz) geben. Deren (= Fachaufsätze zu diesem Thema) gibt es viele. Und sie haben – langsam, aber stetig – »gefruchtet«:

So wurde Anfang 1984 vom deutschen Justizministerium die *Kommission zur Überarbeitung des Schuldrechts* einberufen mit der Aufgabe, Vorschläge zur Reformierung des Schuldrechts zu unterbreiten.[130]

Die Kommission bestand aus vier Vertretern von Landesjustizverwaltungen (Baden-Württemberg, Bayern, Niedersachsen und Nord-

129 Vgl. *Fikentscher*, Rdnr. 1407

130 Vgl. dazu den Bericht des damaligen Justizministers *Engelhard:* Zu den Aufgaben einer Kommission für die Überarbeitung des Schuldrechts, NJW 1984, 1201-1206

rhein-Westfalen), einem Rechtsanwalt, einem Notar, fünf Richtern und vier Rechtswissenschaftlern[131], die Ende 1991 dem Justizminister einen Bericht mit ihren Arbeitsergebnissen überreichten.[132]

Aufgabe der Schuldrechtskommission war es nicht, das gesamte Schuldrecht zu untersuchen, sondern lediglich auf drei Gebiete zu konzentrieren:

(1) Das Recht der Leistungsstörungen,
(2) das Recht der Mängelhaftung beim Kauf- und Werkvertrag und
(3) das Verjährungsrecht.

Ob und in welchem Zeitrahmen die Vorschläge der Kommission in einen Gesetzesentwurf umgesetzt werden, ist noch offen. Das Bürgerliche Gesetzbuch hat die gewaltigen Veränderungen, die das 20. Jahrhundert für die politischen, wirtschaftlichen und sozialen Verhältnisse Deutschlands mit sich brachte, in bemerkenswerter Weise überdauert.

Zum Teil ist dies darauf zurückzuführen, daß manche Rechtsgebiete, die die Verfasser des BGB in ihrer Bedeutung nicht erkannt oder nur unzureichend geregelt haben – wie z.B. das Arbeitsrecht in den Bestimmungen über den Dienstvertrag –, heute als weitgehend selbständige Materie aufgefaßt werden. Daneben hat der Gesetzgeber im Bereich des Verbraucherschutzes überwiegend den Weg der Sondergesetze[133] gewählt, um durch Einschränkungen des bürgerrechtlichen Prinzips der Privatautonomie die Position des schwächeren, unerfahrenen Vertragspartners zu stärken.[134]

Im übrigen ist die Erhaltung von Grundstrukturen des BGB und seine Anpassung an den Wandel der Verhältnisse ein Verdienst des Dialogs zwischen Rechtsprechung und Rechtslehre, durch den es gelang, Lücken im Text des BGB – vor allem unter Zuhilfenahme der »Generalklausel« des § 242 BGB und, wie bereits angedeutet, durch analoge Anwendung der Bestimmungen des Leistungsstörungsrechts – zu schließen.

131 *Diederichsen*-Universität Göttingen; *Kötz*-Universität Hamburg; *Medicus*-Universität München; *Schlechtriem*-Universität Freiburg

132 »Abschlußbericht der Kommission zur Überarbeitung des Schuldrechts«, hrsg. vom Bundesministerium der Justiz; Köln: Bundesanzeiger 1992

133 anders z.B.: §§ 651 a–k BGB (vgl. Teilband 2, S. 95 ff.)

134 Zu erwähnen sind hierbei das Gesetz zur Regelung der Allgemeinen Geschäftsbedingungen vom 9. 12. 1976, ferner das Gesetz über den Widerruf von Haustürgeschäften vom 16. 1. 1986, das Produkthaftungsgesetz vom 15. 12. 1989 und das Verbraucherkreditgesetz vom 17. 12. 1990

Die Schuldrechtskommission hat nunmehr einen Entwurf vorgelegt, der diese Gesetzeslücken durch ausformulierte Paragraphen schließen kann. Dabei ist es ihr gelungen, überzeugende Strukturen des Bürgerlichen Gesetzbuches, die sich bewährt haben, zu erhalten. Sollte der Kommissionsentwurf vom Gesetzgeber übernommen werden, würde das deutsche Schuldrecht sicherlich um ein beträchtliches Maß durchschaubarer und praktikabler werden.[135]

135 Ausführlicher zur Schuldrechtsreform, vgl. *Wörlen/Mentzinis*, AJP 1993, S. 785 ff.

6. Kapitel: Beteiligung Dritter am Schuldverhältnis

Beteiligte eines Schuldverhältnisses sind regelmäßig zwei Parteien, die wir bekanntlich als Schuldner und Gläubiger bezeichnen. In den meisten Fällen besteht eine Partei eines Schuldverhältnisses auch aus *einer* Person[136]. *Ein* Gläubiger steht *einem* Schuldner gegenüber. Möglich ist indessen auch, daß auf der Gläubiger- oder Schuldnerseite mehrere Personen auftreten. Dabei können diese Personen jeweils selbst Vertragspartei sein. Man spricht – je nachdem – von Gläubiger- oder Schuldnermehrheit, deren gesetzliche Regelung wir uns in diesem Kapitel kurz ansehen werden. Ein Dritter kann an einem Schuldverhältnis auch in der Weise beteiligt sein, daß sich eine Vertragspartei seiner Hilfe bei der Erfüllung des Schuldverhältnisses bedient, z. B. indem sie dem Dritten Vollmacht (§ 167 – nachlesen!) erteilt und diesen dadurch zum Stellvertreter i. S. d. §§ 164 ff. macht. Ein Dritter kann auch ohne Vertretungsmacht im Rahmen der Erfüllung eines Schuldverhältnisses tätig werden. Er heißt dann »Erfüllungsgehilfe« (oder auch nur »Bote«). Sein Auftreten kann bestimmte Rechtsfolgen für die Partei, für die er handelt, nach sich ziehen, auf die in diesem Kapitel ebenfalls eingegangen wird.

Dritte sind schließlich an einem Schuldverhältnis beteiligt, wenn es um den »Vertrag zugunsten Dritter« geht oder bei der Abtretung von Forderungen sowie bei der Schuldübernahme. Auch diese Begriffe und Rechtsinstitute sollen in diesem Kapitel kurz vorgestellt werden.

I. Erfüllungsgehilfe

Erfüllungsgehilfe ist, wer mit Willen des Schuldners bei der Erfüllung von dessen Verbindlichkeit aus dem Schuldverhältnis tätig wird[137]. Dies ergibt sich aus § 278, der zugleich die Haftung für das Verschul-

136 Die »juristische Person«, zu der mehrere Menschen (natürliche Personen) gehören, zählen wir selbstverständlich nur als »einen« Beteiligten . . .

137 vgl. *Creifelds*, S. 365

den des Erfüllungsgehilfen regelt. Lesen Sie § 278 S. 1 und den folgenden Übungsfall.

Übungsfall 18

Bertha Baumann (B) setzt sich in eine scheinbar gemütliche Kölner Altstadtkneipe, um sich ein Kölsch und einen Imbiß zu genehmigen.

Noch bevor der Wirt Anton Andechser (A) die Bestellung aufnimmt, zerreißt sie sich ihren neuen Rock an einem Nagel, der aus dem Stuhl herausragt. Als sie entsetzt aufspringt, wird sie vom Köbes[138] des A, Detlef Donner (D) angerempelt, der gerade eine Suppe zum Nachbartisch bringen will. Da D unachtsam ist, ergießt sich die Suppe über Berthas Bluse.

B verlangt von dem Wirt A das Geld für einen neuen Rock und die Reinigungskosten für die Bluse. Zu Recht?

Da für den Schaden an Rock und Bluse offensichtlich verschiedene Ursachen vorliegen, prüfen wir die beiden Ansprüche der B gegen A getrennt. Zuerst den Anspruch auf Schadensersatz für den Rock (1) und dann den Ersatz für die Reinigungskosten der Bluse (2).

■ Bevor Sie weiterlesen, sollten Sie versuchen, die Lösung des Falles – zumindest ansatzweise – selbst zu finden! Welche Anspruchsgrundlage, die Sie bereits (aus dem Recht der Leistungsstörungen!) kennen, kommt bezüglich des Schadensersatzes für den Rock in Betracht (war bereits ein Vertrag zwischen A und B geschlossen?)? Welche (vier!) Voraussetzungen müssen für diesen Anspruch erfüllt sein? Blättern Sie zurück, machen Sie sich Notizen!

▷ (1) Wenn Sie lange genug überlegt haben und nun ein Gutachten anfertigen würden, müßte Ihr erster Satz lauten:
»B könnte gegen A einen Anspruch auf Schadensersatz aus Verschulden bei Vertragsschluß gem. §§ 242 i. V. m. 122, 179, 307 analog haben«.

Wenn wir eine Anspruchsgrundlage gefunden haben, die den möglichen Anspruch, nach dem gefragt ist, gewährt, so wird diese als mögliches (hypothetisches) Ergebnis dem Gutachten vorangestellt[139].

■ Welches ist der zweite Schritt, den wir im Gutachten vollziehen müssen?

138 »Kölsche« Mundart; deutsch: Kellner, Ober!
139 vgl. meine Grundzüge, Bd. I; S. Übersicht 15

▷ Wir müssen genau prüfen, ob die einzelnen Voraussetzungen vorliegen, die diesen vermuteten Anspruch begründen können.

■ Welches sind die vier Voraussetzungen, die für einen Anspruch auf Schadensersatz aus c. i. c. erfüllt sein müssen?

▷ (a) Vorvertragliches Schuldverhältnis
(b) Verletzung einer Schutz- oder Sorgfaltspflicht
(c) Verschulden
(d) Schaden

Da in diesem Rahmen kein vollständiges Gutachten präsentiert werden soll, wird die Fallösung nur skizziert:

(a) Indem B sich an den Tisch in A's Kneipe setzte, hat sie zwar noch keine Vertragsverhandlungen aufgenommen, jedoch zu erkennen gegeben, daß sie mit dem Wirt einen Vertrag schließen will. Diese geschäftliche Kontaktaufnahme genügt, um ein vorvertragliches Schuldverhältnis zu begründen.
(b) Es gehört zu den Pflichten eines Gastwirtes, für einen ordnungsgemäßen Zustand seiner Räumlichkeiten und seines Mobiliars zu sorgen. In seinem Lokal hat er darauf zu achten, daß seine Gäste keinen von ihm verursachten Schaden nehmen. Auf Seiten des A liegt eine Sorgfaltspflichtverletzung vor.
(c) Diese Pflichtverletzung geschah schuldhaft, da A bei Anwendung der verkehrsüblichen, erforderlichen Sorgfalt den Nagel hätte bemerken müssen. A hat fahrlässig i. S. v. § 276 Abs. 1 (= Haftung für eigenes Verschulden! – Vorschrift lesen!) gehandelt.
(d) Da der neue Rock von B durch den Nagel zerrissen ist, ist ihr ein Schaden entstanden, so daß alle Voraussetzungen für einen Anspruch aus c. i. c. gegen A erfüllt sind.

Rechtsfolge ist, daß A der B zum Schadensersatz verpflichtet ist.

Schließlich muß, wie Sie wissen, bei Bestehen eines jeden Schadensersatzanspruches auch immer etwas über den Umfang des Schadens gesagt werden.

Für den Umfang des Schadens gilt § 249 (lesen!). Bei der c. i. c. ist der Vertrauensschaden (negatives Interesse) zu ersetzen, d. h., B ist von A so zu stellen, wie sie stehen würde, wenn sie nicht auf das ordnungsgemäße Zustandekommen des Vertrages vertraut hätte. Gem. § 249 S. 2 (nochmals lesen) hat B, da der Rock (= Sache) beschädigt (nicht völlig zerstört) ist, die Wahl: Entweder muß A den Zustand »neuer Rock« wieder herstellen, indem er einen gleichen Rock beschafft oder B verlangt den Geldbetrag, der zum Kauf eines gleichen Rockes erforderlich ist.

■ (2) Wie steht es mit dem Anspruch für die Beschädigung der Bluse? Liegt insoweit ein Verschulden des A i. S. v. § 276 vor? Wer hat B die Suppe über die Bluse geschüttet?

▷ Der Kellner D! D war, wie der Sachverhalt sagt, »unachtsam«, so daß er fahrlässig, d. h. schuldhaft i. S. v. § 276 gehandelt hat. Künftiger Vertragspartner der B ist aber der Wirt A. In dem vorvertraglichen Schuldverhältnis A - B ist D »Dritter«. Aus der Sicht der beiden (potentiellen) Vertragspartner liegt in dem Verschulden des D deshalb ein fremdes Verschulden.
Die Haftung für fremdes Verschulden ist im allgemeinen Schuldrecht ausdrücklich geregelt.

■ In welcher Vorschrift? (Überlegen Sie! Sie haben die Vorschrift vor kurzem noch gelesen!)

▷ Die Haftung für fremdes Verschulden ist in der Vorschrift über das »Verschulden des Erfüllungsgehilfen« geregelt: § 278 (Satz 1 lesen!).

Ebenso wie § 276 ist § 278 keine Anspruchsgrundlage[140], sondern eine reine Zurechnungsnorm mit der Funktion, in einer vorhandenen Anspruchsgrundlage das Merkmal »Vertretenmüssen (Verschulden)« auszufüllen[141]. Voraussetzung der Haftung für das Verschulden des Erfüllungsgehilfen ist ein Schuldverhältnis, innerhalb dessen sich der Schuldner »zur Erfüllung seiner Verbindlichkeit« einer Hilfsperson bedient. Als Schuldverhältnis gilt dabei auch ein vorvertragliches Schuldverhältnis[142], aus dem Ansprüche aus c. i. c. folgen können.

Ein Anspruch der B gegen A aus culpa in contrahendo i. V. m. § 278 kommt in unserem Fall in Betracht:

(a) Zwischen A und B lag ein vorvertragliches Schuldverhältnis (= geschäftliche Kontaktaufnahme – s. o.) vor.

(b) Zu den Sorgfaltspflichten des Wirtes A gehört es, wie gesagt, darauf zu achten, daß seine Gäste in seinem Lokal keinen Schaden erleiden. Dieser Sorgfaltspflicht nachzukommen, ist seine Verbindlichkeit aus dem vorvertraglichen Schuldverhältnis. Da durch die

140 Erinnern Sie sich an die Definition des Anspruchs (§ 194): Aus der Formulierung von § 278 können Sie nicht entnehmen, daß jemand von einem anderen etwas (ein Tun oder Unterlassen) verlangen kann!

141 vgl. *Alpmann und Schmidt*, SchR AT 2, S. 222

142 vgl. *Brox*, Allg. SchR., Rdnr. 233

vom Kellner verschüttete Suppe die Bluse der B verunreinigt wurde, liegt objektiv eine Sorgfaltspflichtverletzung durch D vor, die A sich zurechnen lassen muß.

(c) Um dafür zu haften, muß ihn Verschulden an dieser Pflichtverletzung treffen. Zwar hat A selbst (§ 276) die Pflichtverletzung nicht verschuldet, doch hat er sich zur Erfüllung seiner Verbindlichkeit aus dem vorvertraglichen Schuldverhältnis des Kellners D bedient, der somit Erfüllungsgehilfe i. S. v. § 278 ist. Da D »unachtsam« war, hat er fahrlässig i. S. v. § 276 Abs. 1 S. 2 (lesen!) gehandelt. Dieses Verschulden des D hat A gem. § 278 S. 1 »in gleichem Umfang zu vertreten wie eigenes Verschulden«!

(d) Der Schaden der B liegt darin, daß sie Reinigungskosten für die Bluse aufwenden muß.

Ergebnis: B kann von A auch Schadensersatz für die Reinigungskosten verlangen, und zwar aus »Verschulden beim Vertragsschluß« (c. i. c.) gem. §§ 242 i. V. m. 122, 179, 307 analog und i. V. m. § 278! Für den Umfang des Schadensersatzes gilt § 249.

Wenn soeben festgestellt wurde, daß für die Haftung des Erfüllungsgehilfen nach § 278 ein Schuldverhältnis[143] vorausgesetzt wird und daß dazu auch ein vorvertragliches Schuldverhältnis zählt, so darf dies nicht verwechselt werden mit dem Fall, in dem eine Hilfsperson für den Schuldner nur *anläßlich* bzw. nur »bei Gelegenheit« (nicht aber »in Erfüllung«) eines Schuldverhältnis tätig wird!

Der Unterschied wird Ihnen am besten an einem einfachen *Beispiel* verständlich:

A und B haben einen Leihvertrag über ein Buch geschlossen. B, der sich das Buch geliehen hat, läßt dieses in seiner Wohnung liegen. In seiner Abwesenheit kippt die zweimal wöchentlich bei B tätige Putzfrau fahrlässig eine halbe Flasche Rotwein auf das Buch.

■ Welche Anspruchsgrundlage könnte zu einer Haftung des B gegenüber A führen?

▷ P. V. V. beim Leihvertrag gem. §§ 242; 280, 286 analog i. V. m. §§ 604, 278!

■ Muß B gem. § 278 für das Verschulden der Putzfrau einstehen?

143 Was zwingend aus dem Wort »Schuldner« in der Vorschrift folgt; denn ohne diesen gäbe es kein Schuldverhältnis!

▷ Nein! Die Putzfrau wurde für B nicht in Erfüllung des Leihvertrages A-B tätig, sondern (?) . . .

. . . nur anläßlich (»bei Gelegenheit«) dieses Leihvertrages! Die Putzfrau wurde tätig »in Erfüllung« ihres »Putzfrauenvertrages« mit B, bei dem es sich rechtlich um einen Werkvertrag i. S. d. § 631 Abs. 1 (zur Information nochmals lesen!) handelt! Das schuldhafte Fehlverhalten des Erfüllungsgehilfen i. S. d. § 278 muß immer in unmittelbarem inneren Zusammenhang mit den Aufgaben stehen, die ihm von seinem »Geschäftsherrn« im Hinblick auf die Erfüllung des konkreten Schuldverhältnisses zugewiesen waren[144].

Die wichtigsten Merkmale der Haftung für den Erfüllungsgehilfen sind auf einer kurzen Übersicht (14) zusammengefaßt:

Übersicht 14:

Verschulden des Erfüllungsgehilfen[145]

§ 278

Bedeutung

Ist eine reine Zurechnungsnorm mit der Funktion, in einer gegebenen Anspruchsgrundlage das Merkmal »Vertretenmüssen« auszufüllen.

Voraussetzungen

Kann nur im Rahmen von vertraglichen Schuldverhältnissen Anwendung finden (Gehilfe muß in Erfüllung einer Verbindlichkeit seines »Geschäftsherrn« gegenüber dessen Vertragspartner tätig werden).

Ist anwendbar ohne Rücksicht darauf, ob der Erfüllungsgehilfe vom Geschäftsherrn weisungsabhängig ist oder nicht.

Rechtsfolge

Begründet eine Haftung für fremdes Verschulden (= Verschulden des Erfüllungsgehilfen)

144 vgl. *Jauernig*, § 278; Anm. 2 b) cc) m. w. N.
145 auszugsweise in Anlehnung an *Alpmann und Schmidt*, SchR BT 4, S. 73 f.

II. Vertrag zugunsten Dritter

Einen weiteren Fall der Beteiligung Dritter an einem Schuldverhältnis bildet der Vertrag zugunsten Dritter. Die gesetzliche Regelung findet sich in den §§ 328 ff., von denen Sie zunächst § 328 Abs. 1 lesen.

Was diese Vorschrift aussagt, verdeutlicht der nächste Fall.

Übungsfall 19

Zum 40-jährigen Dienstjubiläum des Eberhard von Emsig (E), Vorstandsvorsitzender der bedeutenden Argus-Versicherungsgesellschaft, bestellt Bankdirektor Bodo Bärmann (B) bei dem Kunstmaler Karl König (K) ein Ölgemälde mit einem Motiv der Stadt Köln.

Wünsche über das Motiv und die Art der Ausführung soll K bei E erfragen, an den das Bild direkt von K übergeben werden soll. Als E nach einiger Zeit das fertige Bild abholen will, verweigert K die Übergabe, weil B das Malerhonorar noch nicht bezahlt habe. E meint, dies ginge ihn nichts an, da er unabhängig davon einen unmittelbaren Anspruch gegen K auf Übergabe des Bildes habe.

Macht E diesen Anspruch zu Recht geltend oder kann K die Übergabe verweigern?

1. Beteiligte

B und K haben einen Werkvertrag i. S. v. § 631 Abs. 1 (nochmals lesen!) geschlossen.

Danach wäre K normalerweise verpflichtet, seinem Vertragspartner B (seinem Gläubiger) das bestellte Bild nach Fertigstellung zu liefern.

■ Worin liegt aber in diesem Fall eine Besonderheit?

▷ B hat mit K vereinbart, daß er das Bild nach den Wünschen des E anfertigen und es diesem nach Fertigstellung übergeben soll. Damit hat der *Schuldner* K seinem *Gläubiger* B versprochen, an einen *Dritten,* nämlich E, zu leisten. Dies ist die Konstruktion, die § 328 Abs. 1 als Vertrag zugunsten Dritter bezeichnet (Vorschrift erneut lesen!). Zur Verdeutlichung eine grafische Skizze:

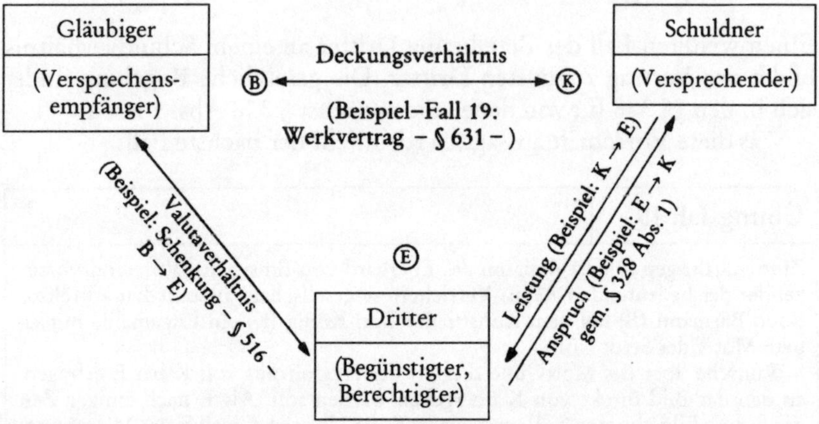

Vorwiegend wird diese Möglichkeit der Vertragsgestaltung gewählt, um den Leistungsweg zu verkürzen: Während ohne diese Konstruktion die Leistung erst vom Schuldner an den Gläubiger und dann vom Gläubiger an den Dritten bewirkt würde, kann aufgrund von § 328 Abs. 1 der Schuldner unmittelbar an den Dritten leisten.

2. Rechtsbeziehungen der Beteiligten

Der Abschluß eines Vertrages zugunsten Dritter führt zu einer rechtlichen Dreierbeziehung.

a) Deckungsverhältnis

Der Rechtsgrund für die Leistung des Schuldners an den Dritten ist der zwischen Gläubiger und Schuldner geschlossene Vertrag, in unserem Beispielsfall der Werkvertrag.

Für seine Leistung an den Dritten erhält der Schuldner vom Gläubiger eine Gegenleistung. Die Leistung, die der Schuldner dem Dritten zu erbringen verspricht, wird, anders ausgedrückt, durch die Gegenleistung, die er vom Gläubiger erhält, abgedeckt. Man nennt das Verhältnis zwischen Gläubiger und Schuldner beim Vertrag zugunsten Dritter *Deckungsverhältnis.*

b) Valutaverhältnis

Der Gläubiger dieses Vertragsverhältnisses will mit der Zuwendung, die der Schuldner aufgrund des Vertrages an den Dritten leisten soll, seinerseits eine Verpflichtung gegenüber dem Dritten (z. B. auch Unterhaltspflichten gem. § 1601 – zur Information lesen!) erfüllen oder dem Dritten – wie in unserem Beispielsfall – eine Schenkung (§ 516 Abs. 1 – lesen!) machen. Aus dem Verhältnis zwischen Gläubiger und Drittem läßt sich ersehen, warum der Dritte etwas bekommen soll bzw. welchen rechtlichen »Wert« die Zuwendung für den Dritten hat.

Die Rechtsbeziehung zwischen Gläubiger und Drittem wird als »Valutaverhältnis«[146] bezeichnet.

3. Echter und unechter Vertrag zugunsten Dritter

Bei der Gestaltung eines Vertrages zugunsten Dritter stehen den Parteien des Deckungsverhältnisses zwei Möglichkeiten zur Verfügung:

a) Echter Vertrag zugunsten Dritter

Nach dem Wortlaut von § 328 Abs. 1 kann vereinbart werden, daß der Dritte einen direkten (eigenen) Anspruch gegen den Schuldner erwirbt. Man spricht in diesem Fall vom »echten Vertrag zugunsten Dritter«.

Dieser liegt auch in Übungsfall 19 vor, d. h., die §§ 328 ff. gelten ohne Einschränkung. Die Lösung des Falles gibt uns vor allem § 334 (lesen!) i. V. m. § 320 Abs. 1 (ebenfalls lesen!): Zwar hat E gem. § 328 Abs. 1 i. V. m. § 631 Abs. 1 einen unmittelbaren Anspruch gegen K auf Herstellung des Bildes, jedoch kann K sich gem. § 334 auf § 320 Abs. 1 S. 1 berufen, da er die Einrede (Einwendung)[147] des nicht erfüllten Vertrages auch seinem Gläubiger B entgegenhalten könnte, d. h., er kann die Übergabe bis zur Zahlung der Vergütung (§ 631 Abs. 1) durch B auch E gegenüber verweigern.

b) Unechter Vertrag zugunsten Dritter

Möglich ist auch, daß der Schuldner sich zwar gegenüber dem Gläubiger verpflichtet, an den Dritten zu leisten, ohne daß der Dritte berech-

146 »valuta« (lat./it.) = u. a.: Wert, Gegenwert
147 vgl. dazu meine Grundzüge Bd. I, S. 215, Fn. 176 und 177

tigt sein soll, die Leistung direkt vom Schuldner zu fordern (= »unechter Vertrag zugunsten Dritter«).

Die Verpflichtung des Schuldners (= Versprechender) besteht nur gegenüber dem Versprechensempfänger (= Gläubiger).

Dabei kann es bisweilen zu Auslegungsschwierigkeiten kommen. Auslegungshilfen gibt das Gesetz in den §§ 329–331, die Sie einmal gelesen haben sollten, mit denen wir uns aber im Rahmen dieser »Grundzüge« nicht ausführlich beschäftigen wollen.

Erwähnens- und lesenswert (!) ist vor allem § 330 S. 1, der sozusagen als »Schulbeispiel« für den (echten) Vertrag zugunsten Dritter den Lebensversicherungsvertrag erwähnt! Der Bezugsberechtigte (= Dritter), den der Versicherungsnehmer (= Versprechensempfänger) in dem Versicherungsvertrag bezeichnet hat, erwirbt danach, falls nicht ausdrücklich etwas anderes vereinbart ist, bei Eintritt des Versicherungsfalles einen unmittelbaren Anspruch auf Auszahlung der Versicherungssumme gegen den Versicherer (= Versprechender). Entsprechendes gilt im übrigen auch für einen Unfallversicherungsvertrag[148].

Wiederholen Sie das Rechtsinstitut des Vertrages zugunsten Dritter mit der nächsten Übersicht (15) auf der folgenden Seite.

Literatur zur Vertiefung (6. Kapitel/II):

Alpmann und Schmidt	Schuldrecht AT 2, S. 293–306[149]
Brox	Allg. SchR, § 28[149]
Hirsch	Achtes Kapitel, A
Klunzinger	§ 29 I–III[149]
Löwisch	Schuldrecht AT, § 14[149]

148 *Hinweis für Versicherungs-Betriebswirte: Darüber hinaus treten auch in der Schadensversicherung Drittbeteiligte auf – §§ 74 ff. VVG. Eine besondere Stellung nimmt schließlich der Drittgeschädigte in der Haftpflichtversicherung ein: für den Bereich der Kfz.-Haftpflichtversicherung wird ihm durch § 3 PflVG ein unmittelbarer Anspruch gegen den Versicherer eingeräumt.*

149 *Zum »Vertrag mit Schutzwirkung zugunsten Dritter«, der hier nicht erläutert wird, vgl. alternativ bei Interesse: Alpmann und Schmidt, SchR AT 2, S. 307–316; Brox, Allg. SchR, Rdnr. 376–378; Klunzinger § 29 IV; Löwisch, SchR AT, S. 168 f.*

Übersicht 15:

Vertrag zugunsten Dritter

I. Gesetzliche Regelung: §§ 328 – 335 BGB

II. Voraussetzungen:

1. *Vertrag zwischen Gläubiger (Gl.) und Schuldner (Sch.)*
   a) Möglich: *Jeder* Vertragstyp! Einen V. zg. D. »an sich« gibt es nicht = Es muß immer ein *bestimmter* Vertrag (z.B. Kauf-, Werkvertrag usw.) zugrundeliegen.
   → *§ 328 Abs. 1* ist daher *niemals selbständige Anspruchsgrundlage!*
   Richtiges Zitat: »Anspruch aus § 328 Abs. 1 *i. V. m.* § 433 Abs. 1 S. 1 (oder i.V.m. § 631 Abs. 1 usw.)
   b) Über die Formbedürftigkeit entscheidet allein der *Vertrag zwischen Gl. und Sch.* (= Deckungsverhältniss). *Rechtsverhältnis zwischen Gl. und Drittem* (= Valutaverhältniss) ist formfrei! (z.B. Schenkung: § 518 – Abs. 1 *lesen*! – gilt dann nicht).
2. *Echter und unechter* V. zg. D.
   a) Dritter (D) soll unmittelbares Forderungsrecht gegen den Schuldner erwerben (= *echter* V. zg. D., vgl. §§ 328 Abs. 1 und 330 S. 1 – *lesen*)
   oder
   b) D. soll kein direktes Forderungsrecht erhalten: Sch. ist nur gegenüber Gl. verpflichtet, an D. zu leisten (= *unechter* V. zg. D.) → »Im Zweifel« liegt b) vor (Auslegungshilfen: §§ 329 – 331).
3. *Weitere Voraussetzungen ...*
   ... richten sich nach jeweiligem Vertragstyp im *Deckungsverhältnis*; z.B. Lebensversicherungsvertrag: Voraussetzung für Leistungsverpflichtung des Sch. bzw. für Forderungsrecht des D. ist Eintritt des Versicherungsfalles (vgl. § 331 Abs. 1 – *lesen*, § 166 Abs. 2 VVG).

III. Rechtsfolgen:

1. Verpflichtung des Sch., an D. zu leisten
2. (nur bei echtem V. zg. D.): Anspruch des D. gegen Sch.
3. Falls nichts anderes bestimmt, kann Gl. jederzeit die Leistung an D. fordern (§ 335)
4. Einwendungen (und Einreden) aus dem Vertrag (Deckungsverhältnis) stehen dem Sch. auch gegenüber D. zu (§ 334)

III. Übertragung (Abtretung) von Forderungen

Im Zusammenhang mit der Beteiligung Dritter an einem Schuldverhältnis steht die Übertragung von Forderungen, die im Wirtschaftsleben von großer Bedeutung ist. Das BGB eröffnet die Möglichkeit, daß der Gläubiger, der einen Anspruch bzw. eine Forderung gegen den Schuldner hat, diese an einen Dritten übertragen (abtreten) kann. Diese rechtsgeschäftliche Übertragung von Forderungen bezeichnet das Gesetz als Abtretung (= Legaldefinition gem. § 398 S. 1 – lesen!)

1. Voraussetzungen

Beispiel: A hat gegen B eine Forderung aus Darlehnsvertrag in Höhe von 1 000.– DM. D hat gegen A eine Forderung aus Kaufvertrag von 1 000,– DM. Da A gerade »knapp bei Kasse« ist, vereinbart er mit D, daß dieser die Forderung des A gegen B aus dem Darlehnsvertrag erwerben soll, während seine Schuld aus Kaufvertrag getilgt sein soll. A hat, mit anderen Worten, seine Forderung gegen B an D abgetreten.

Zur Verdeutlichung folgende grafische Skizze:

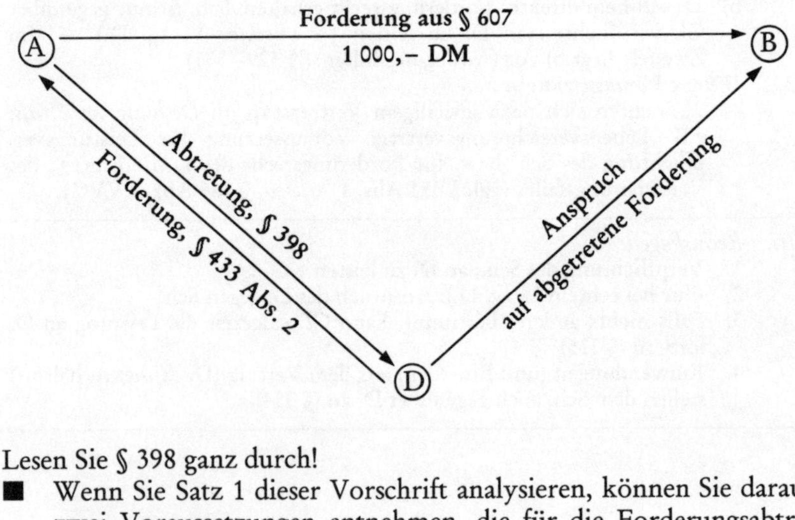

Lesen Sie § 398 ganz durch!

■ Wenn Sie Satz 1 dieser Vorschrift analysieren, können Sie daraus zwei Voraussetzungen entnehmen, die für die Forderungsabtretung erfüllt sein müssen. (Überlegen Sie, welche!)

▷ (1) Der Abtretende muß (selbstverständlich) Inhaber bzw. Gläubiger dieser Forderung sein und
(2) mit dem Erwerber der Forderung einen (Abtretungs-)Vertrag schließen.

Die Abtretung wird übrigens in vielen Lehrbüchern auch mit dem aus dem Lateinischen (»cessio«) entlehnten Fremdwort »Zession« bezeichnet. Entsprechend sind die Bezeichnungen für den Abtretenden und den Erwerber der Forderung.
Der Abtretende (= bisheriger Gläubiger) heißt »Zedent«, den Erwerber (= neuer Gläubiger) der Forderung nennt man »Zessionar«.
Grundsätzlich können alle Forderungen abgetreten werden, auch solche, die noch nicht entstanden sind, d. h. auch künftige Forderungen aus einer oder mehreren Geschäftsverbindungen.

Beispiel: Ein Kaufmann erhält von seiner Bank einen Kredit in Höhe von 50 000,– DM. Zur Sicherung tritt er an die Bank alle Forderungen bis zur Gesamthöhe von 60 000,– DM ab, die er gegenüber seinen Kunden aus Warenlieferungen erhält.

Man spricht bei einer solch umfassenden Abtretung von einer *Globalzession.* Die Bank wird mit der Abtretung Inhaberin dieser Forderungen, ohne daß die Kunden des Kaufmannes etwas davon erfahren müssen. Einziehen darf die Bank die Forderung nur, wenn der Kaufmann seine Darlehnsrückzahlungs- und Zinsverpflichtungen nicht ordnungsgemäß erfüllt.

Zwar sind im eben genannten Beispiel die Forderungen des Kaufmannes gegen seine Kunden zum Zeitpunkt der Globalzession noch nicht konkret entstanden und somit noch nicht bestimmt. Es genügt aber, wenn sie bestimmbar sind. Dies ist im Beispiel für die Globalzession der Fall, da spätestens zum Zeitpunkt der Entstehung der Forderungen des Kaufmannes gegen seine Kunden Klarheit über Inhalt, Höhe und Schuldner der Forderungen bestehen wird.

2. Rechtsfolgen

Rechtsfolge ist gem. § 398 S. 2, daß der Erwerber als neuer Gläubiger an die Stelle des Abtretenden, des alten Gläubigers, tritt. Die Abtretung führt bei Abschluß des schuldrechtlichen Vertrages unmittelbar eine Rechtsänderung herbei. Die Forderungsabtretung ist zugleich eine Verfügung (= Ausnahme zum »Abstraktionsprinzip« !).

Mit der abgetretenen Forderung erwirbt der neue Gläubiger alle Rechte und Pflichten des Abtretenden, die dieser gegenüber dem Schuldner hatte.

Für Sicherungsrechte wie Hypotheken oder Pfandrechte u. ä. ergibt sich dies unmittelbar aus § 401 Abs. 1 (lesen!). Weitere Rechtsfolgen der Abtretung sind in der abschließenden Übersicht 16 (S. 145) zu diesem Abschnitt aufgeführt (die dort zitierten Vorschriften nachher durchlesen!).

3. Schuldnerschutz

Wenn Sie eben erfahren haben, daß gem. § 398 S. 2 als unmittelbare Folge der Abtretung der neue Gläubiger an die Stelle des alten Gläubigers tritt, dann bedeutet das, daß der Schuldner der Forderung an der Abtretung völlig unbeteiligt ist.

Die Kunden des Kaufmanns in unserem zur Globalzession angeführten Beispiel erfahren nichts von der Abtretung. Das Gesetz sieht in keiner Vorschrift eine Regelung vor, nach der der Schuldner von der Abtretung benachrichtigt werden muß.

■ Warum fehlt es an einer solchen Regelung? Oder anders gefragt: Warum tritt jemand überhaupt eine Forderung an einen anderen ab (Überlegen Sie!)?

▷ Eine Forderung wird in der Regel abgetreten, wenn der Abtretende wenig oder gar nichts an flüssigen Mitteln besitzt, um seine finanziellen Verbindlichkeiten zu begleichen, während er selbst Außenstände bei Dritten hat.

Da die Tatsache, daß jemand Verbindlichkeiten mangels Liquidität nicht erfüllen kann, grundsätzlich geeignet ist, seine Kreditwürdigkeit und insbesondere sein Ansehen bei seinen Schuldnern herabzusetzen, steht es ihm frei, die Abtretung von Forderungen den Schuldnern anzuzeigen oder nicht.

Tut er es nicht, kann es z. B. zu der Situation kommen, die in Übungsfall 20 beschrieben ist:

Übungsfall 20	
A hat gegen B eine Forderung aus Darlehen in Höhe von 1 000,– DM, die zum 2. 5. fällig ist, und schuldet dem D 1 000,– DM aus Kaufvertrag. Um seine Schuld gegenüber D zu erfüllen, tritt er diesem durch Vertrag am 15. 4. seine Forderung gegen B ab. In Unkenntnis dieser Abtretung leistet B die 1 000,– DM am 30. 4. an A. Als am 2. 5. der D von B die 1 000,– DM fordert, verweigert dieser die Zahlung, da er schon an A geleistet hat. Zu Recht?	

Zum besseren Verständnis des Falles eine grafische Skizze:

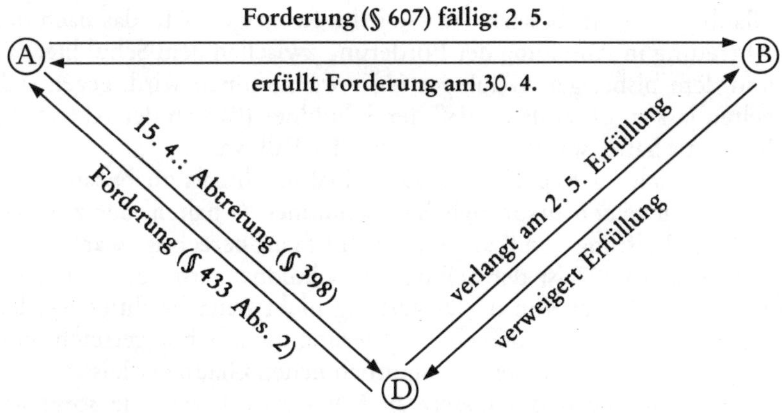

D könnte gegen B einen Anspruch auf Zahlung von DM 1 000,– gem. § 607 i. V. m. § 398 haben.

Voraussetzung ist, daß D Inhaber der Forderung gegen B geworden ist, die B dem A aus dem Darlehensvertrag schuldete. Dies ist der Fall, wenn die Abtretung der Forderung von A an D wirksam war.

Gem. § 398 S. 1 ist erforderlich, daß A (zum Zeitpunkt der Abtretung) Inhaber der Forderung war und A und D einen Abtretungsvertrag geschlossen haben. Beides trifft zu, so daß D gem. § 398 S. 2 am 15. 4. als neuer Gläubiger des B an die Stelle des A trat.

Der Anspruch des D gegen B auf Zahlung von DM 1 000,– ist entstanden. Der Anspruch ist auch nicht gem. § 362 durch Erfüllung erloschen, als B am 30. 4. an A zahlte, da an diesem Tage eine Forderung des A gegen B nicht mehr bestand, sondern D bereits seit dem 15. 4. Gläubiger dieser Forderung war.[150]

■ Was kann B tun? Muß er nochmals an D zahlen?
Suchen Sie im Gesetz nach der Antwort, indem Sie die Überschriften zu den §§ 398 ff. lesen.

▷ Die Antwort auf unsere Frage, ob der Schuldner B noch einmal zahlen muß, gibt § 407, in dessen Überschrift von der »Leistung an den bisherigen Gläubiger« die Rede ist (§ 407 Abs. 1 lesen!). Gem. § 407 Abs. 1 muß der neue Gläubiger (= D) eine Leistung, die der Schuldner (= B) nach der Abtretung (= 15. 4.) an den bisherigen Gläubiger (= A!) bewirkt, sowie jedes Rechtsgeschäft, das nach der Abtretung in Ansehung der Forderung zwischen dem Schuldner (B) und dem bisherigen Gläubiger (A) vorgenommen wird, gegen sich gelten lassen, es sei denn, daß der Schuldner (B) von der Abtretung Kenntnis hatte, was vorliegend nicht der Fall war.

B weigert sich zu Recht, die 1 000,– DM nochmals zu bezahlen; D muß sich an seinen ursprünglichen Schuldner A halten, der zur Annahme der Leistung von B am 30. 4. nicht mehr berechtigt war[151].

Zweck des § 407 ist der Schutz des Schuldners sozusagen als Ausgleich dafür, daß er von der Abtretung nicht benachrichtigt werden muß. Möglich ist auch, daß eine Forderung mehrfach abgetreten wird und der Schuldner an einen vermeintlich neuen Gläubiger leistet.

Diesen Fall regelt das Gesetz in § 408 Abs. 1, den Sie sorgfältig durchlesen müssen, um dann nochmals § 407 Abs. 1 zu lesen! Dazu folgender Fall:

Übungsfall 21

A hat eine Forderung gegen B in Höhe von 1 000,– DM. B seinerseits hat eine Forderung in Höhe von 1 000,– DM gegen C und außerdem noch 1 000,– DM Schulden bei D. Am 25. 3. tritt B seine Forderung gegen C (1 000,– DM) an A ab. Am 1. 4. tritt er diese Forderung nochmals an D ab. Am 3. 4. fordert D von C aufgrund der Abtretung vom 1. 4. 1 000,– DM, die C auch bezahlt. Zwei Tage später fordert A von C 1 000,– DM aufgrund der Abtretung vom 25. 3. C verweigert die Zahlung. Zu Recht?

150 Sie haben – hoffentlich – gemerkt, daß Fall 20 bis hierher durchgehend im Gutachtenstil gelöst wurde!

151 Anspruchsgrundlage für D gegen A ist § 816 Abs. 2, auf den wir erst später (Teilband 2, S. 131 ff.) näher eingehen.

Auch dieser Sachverhalt soll durch eine grafische Skizze verdeutlicht werden:

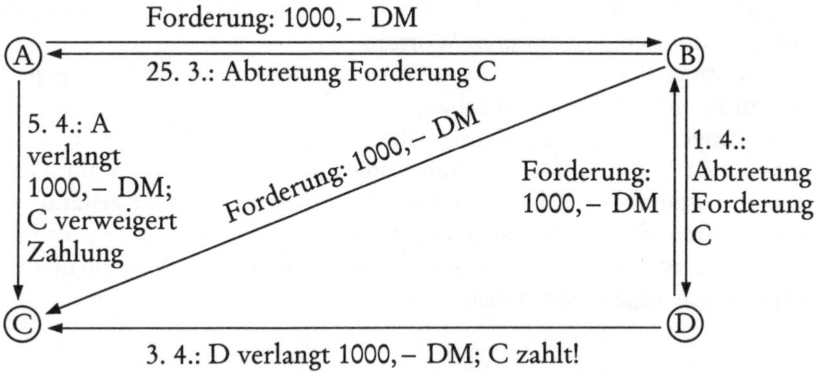

Nachdem Sie sich die Fallkonstellation anhand dieser Skizze klargemacht haben, lesen Sie noch einmal § 408 Abs. 1. Danach ist bei mehrfacher Abtretung § 407 Abs. 1 dem früheren Erwerber gegenüber entsprechend anzuwenden.

Die entsprechende Anwendung des § 407 Abs. 1 auf unseren Fall der mehrfachen Abtretung bedeutet: Dem »früheren Erwerber« (A) in § 408 Abs. 1 entspricht der »neue Gläubiger« in § 407.

Dem »Dritten« (D) in § 408 Abs. 1 entspricht der »bisherige Gläubiger« in § 407 Abs. 1. Wenn wir § 407 auf den Fall der mehrfachen Abtretung entsprechend anwenden, müssen wir diese Vorschrift folgendermaßen lesen:

»Der frühere Erwerber einer abgetretenen Forderung muß bei nochmaliger Abtretung dieser Forderung an einen Dritten eine Leistung, die der Schuldner nach der zweiten Abtretung an den Dritten bewirkt (sowie . . .) gegen sich gelten lassen, sofern der Schuldner von der ersten Abtretung nichts wußte.«[152]

■ Subsumieren Sie unseren Sachverhalt unter diese Vorschrift. Überlegen Sie: Wer ist »früherer Erwerber«, wer »Dritter« und wer »Schuldner«?

152 Damit Sie dieses Zusammenspiel der Entsprechungen niemals vergessen, sollten Sie die Begriffe *»neuer Gläubiger«* in § 407 Abs. 1 (erste Zeile) und *»früheren Erwerber«* in § 408 Abs. 1 (vorletzte Zeile) mit gleicher Farbe unterstreichen! Mit anderer, gleicher Farbe: *»bisheriger Gläubiger«* in § 407 Abs. 1 (Zeile 2/3) und *»Dritten«* in § 408 Abs. 1 !

▷ »Früherer Erwerber« der von B abgetretenen Forderung ist in Übungsfall 21 der A. »Dritter« ist D und »Schuldner« ist C.

A muß nach §§ 408 Abs. 1, 407 Abs. 1 die Leistung des C an D gegen sich gelten lassen, mit anderen Worten:
Die Leistung des C an D ist gegenüber A »wirksam«, und C weigert sich zu Recht, nochmals zu zahlen. Das Wichtigste zur Abtretung von Forderungen enthält die nächste Übersicht (16), aus der Sie u. a. auch entnehmen können, daß die Abtretung unter bestimmten Voraussetzungen ausgeschlossen ist (lesen Sie alle in dieser Übersicht genannten Vorschriften des BGB genau durch – ein Hinweis, der eigentlich überflüssig ist, da Sie sich die sorgfältige Lektüre jeder Vorschrift ohnehin schon angewöhnt haben . . .).

Literatur zur Vertiefung (6. Kapitel/III):

Brox	Allg. SchuldR, § 29
Hirsch	Neuntes Kapitel, A
Klunzinger	§ 41
Löwisch	Schuldrecht AT, § 15
Musielak	§ 9 IV

Übersicht 16:

Übertragung (Abtretung) von Forderungen	
I. Rechtsgeschäftliche Übertragung von Forderungen – §§ 398 ff.	
1. *Voraussetzungen:* (§ 398 S. 1)	a) Abtretender (*Zedent*) muß Inhaber (*Gläubiger*) von Forderung(en) sein (auch: künftige Forderung) b) Vertrag (Einigung) mit einem Dritten (*Zessionar*), daß Forderung auf diesen übertragen wird.
2. *Rechtsfolge:* (§ 398 S. 2)	Der neue Gläubiger (*Zessionar*) tritt an die Stelle des alten Gläubigers (*Zedent*). D.h.: Zessionar erwirbt alle Rechte und Pflichten des Zedenten gegenüber dem Schuldner, die mit dieser Forderung verbunden sind. (= *Abtretung* = abstrakte *Verfügung* = bewirkt unmittelbare Rechtsänderung)
3. *Einzelheiten:*	Abtretung erfolgt i.d.R. ohne Kenntnis des Schuldners – deshalb *besonderer Schuldnerschutz* erforderlich: a) § 404 – Einwendungen, die der Schuldner gegen Zedenten hatte, muß der Zessionar auch gegen sich gelten lassen. b) § 406 – Schuldner kann mit Forderung gegen alten Gläubiger auch gegen neuen Gläubiger *aufrechnen*, sofern er bei Entstehung der Aufrechnungslage von der Abtretung keine Kenntnis hatte. c) § 407 – Leistet Schuldner in Unkenntnis der Abtretung an alten Gläubiger, wird er von seiner Leistungspflicht auch gegenüber neuem Gläubiger frei. Bei mehrfacher Abtretung gilt § 408! d) *Ausschluß der Abtretung:* – § 399 »Inhaltsänderung« der Forderung durch Abtretung = z.B. Forderung auf Dienstleistung (= höchstpersönliche Forderung; ebenso: § 847) oder: Abtretung war durch Vertrag zwischen Schuldner und altem Gläubiger ausgeschlossen – § 400: Unpfändbare Forderungen – z.B. Arbeitslohn bis zu bestimmter Höhe (vgl. § 850 c ZPO) oder Lebensversicherung bis zu 3.000,– DM (§ 850 b Abs. 1 Nr. 4 ZPO)
II. Gesetzlicher Forderungsübergang (»cessio legis«)	
1. Gem. § 412 finden §§ 399–404, 406–410 entsprechende Anwendung. 2. Beispiele: § 774 (Bürgschaft), § 426 Abs. 2 (Gesamtschuldner), § 67 VVG (Schadensversicherung).	

IV. Factoring

Ein Factoring[153]-Vertrag ist ein gemischter[154] Vertrag, in dem der Kauf (bzw. die Abtretung) von Kundenforderungen durch (bzw. an) eine Bank oder ein ähnliches Finanzierungsinstitut (Factor) gegen sofortige Wertstellung oder Kreditierung mit der Übernahme von Dienstleistungspflichten (namentlich Kundenbuchhaltung, Beitreibung von Forderungen) kombiniert wird[155]. Das Factoring knüpft wirtschaftsfunktional[156] ähnlich wie der verlängerte Eigentumsvorbehalt[157] – an den Warenkredit bzw. an den durch Vorleistung gewährten Kredit an.

Beim sog. *echten* Factoring übernimmt der Factor auch das Risiko der Zahlungsunfähigkeit des Schuldners der Forderung. Beim in Deutschland weit verbreiteten *unechten* Factoring werden die Forderungen an den Factor nur »erfüllungshalber« übertragen. Eine Leistung erfüllungshalber liegt vor, wenn dem Gläubiger ein Gegenstand (z.B.: Forderung) überlassen wird, aus dem er sich befriedigen soll; die Erfüllung des Schuldverhältnisses tritt erst ein, wenn dem Gläubiger aus dem erfüllungshalber überlassenen Gegenstand tatsächlich Mittel zufließen[158].

Für das unechte Factoring bedeutet das, daß der Factor (die Bank) mit der Gutschrift der Forderung dem Factorkunden einen Kredit gewährt und sich die Rückbelastung der Forderung für den Fall der Nichtbeitreibbarkeit vorbehält. Seiner Rechtsnatur nach ist das unechte Factoring als Darlehen einzuordnen, während das echte Factoring einer Globalzession aufgrund eines Forderungskaufs gleichkommt.

V. Schuldübernahme

Während bei der Abtretung ein *Gläubigerwechsel* stattfindet, kann durch die in den §§ 414–419 geregelte Schuldübernahme ein *Schuldnerwechsel* erfolgen.

153 frei aus dem Englischen übersetzt: »Absatzfinanzierung«
154 vgl. oben S. 11 unter »Vertragsfreiheit«
155 vgl. *Creifelds*, S. 390 f.
156 vgl. *Schünemann*, S. 385
157 vgl. dazu Teilband 2, S. 34
158 vgl. *Creifelds*, S. 728

Gem. § 414 (lesen!) kann durch Vertrag mit dem Gläubiger die Schuld auf einen neuen Schuldner übertragen werden. Möglich ist auch ein Vertrag zwischen Altschuldner und Neuschuldner, der allerdings nur mit Genehmigung des Gläubigers der Forderung wirksam ist (§ 415 Abs. 1 – lesen).

Dazu zwei *Beispiele*[159]:

§ 414 – B baut ein Mietshaus, wodurch er Schulden gegenüber dem Handwerker A begründet. Als B seine Schulden nicht bezahlt, stellt A die Arbeiten ein. Ein zahlungskräftiger potentieller Mieter D des B, der an einer raschen Fertigstellung des Hauses interessiert ist, erklärt sich gem. § 414 gegenüber A bereit, die Schuld des B zu übernehmen. Aufgrund dieses Schuldübernahmevertrages B – D baut A weiter. –

§ 415 – B verkauft seinen Betrieb an D. D erklärt sich bereit, sämtliche Schulden des B bei A zu übernehmen. Aus diesem Grunde wird ein entsprechend geringerer Kaufpreis zwischen B und D vereinbart. Der Schuldübernahmevertrag zwischen B und D ist nur wirksam, wenn der Gläubiger A ihn genehmigt. –

Die in § 414 angesprochene Schuldübernahme hat, wie aus dem Wortlaut der Vorschrift ersichtlich, den unmittelbaren Schuldnerwechsel zur Folge, d. h. aus der Sicht des alten Schuldners handelt es sich um eine »befreiende« (»privative«) »Schuldübernahme«. Sie ist zu unterscheiden von der – aufgrund der Vertragsfreiheit möglichen – »kumulativen Schuldübernahme« (auch »Schuldbeitritt« oder »Schuldmitübernahme«) bei der ein neuer Schuldner *neben* den bisherigen Schuldner tritt.

Beide Schuldner sind Gesamtschuldner[160]. Nicht zu verwechseln ist die Schuldübernahme mit der bloßen »Erfüllungsübernahme«, bei der sich ein Dritter dem Schuldner gegenüber verpflichtet, dessen Verbindlichkeit zu erfüllen, ohne daß der Gläubiger ein selbständiges Forderungsrecht gegen den Dritten erwirbt. Dies entspricht der Konstruktion des unechten Vertrages zugunsten Dritter i. S. d. § 329 (nachlesen!), den Sie bereits kennengelernt haben.

Besonderheiten, auf die wir in diesem Rahmen nicht eingehen wollen, gelten für die Schuldübernahme gem. § 416 bei Übernahme einer Hypothekenschuld (§ 416 zur ersten Information lesen – sofern Sie noch nicht wissen, was eine Hypothek ist, werden Sie das im dritten Band dieser »Grundzüge« im Teil »Sachenrecht« erfahren).

159 nach *Brox*, SchR AT, Rdnr. 407
160 dazu sogleich unter VI

Ähnlich wie gem. § 404 (nachlesen!) der Schuldner einer abgetretenen Forderung die Einwendungen, die er dem Altgläubiger der Forderung und auch dem neuen Gläubiger entgegenhalten kann, kann auch der Übernehmer einer Schuld dem Gläubiger gegenüber die Einwendungen geltend machen, die dem alten Schuldner zustanden (§ 417 Abs. 1 S. 1 – lesen!).

Abschließend soll auf § 419 hingewiesen werden, bei dem es sich nicht um eine befreiende Schuldübernahme i. S. d. § 414, sondern um einen (gesetzlichen) Schuldbeitritt handelt (§ 419 Abs. 1 lesen): Sofern jemand durch Vertrag (nicht *eine* Schuld, sondern) das gesamte Vermögen eines anderen übernimmt, bewirkt das, daß der Übernehmer den Gläubigern des bisherigen Schuldners ebenfalls haftet. »Die Schulden folgen dem Vermögen«[161]! Der Vermögensübernehmer und der bisherige Schuldner haften dem Gläubiger als Gesamtschuldner (dazu sogleich)!

Literatur zur Vertiefung (6. Kapitel, IV und V):

Brox	Allg. SchuldR, § 30
ders.	Bes. SchuldR, Anhang zu § 6
Fikentscher	§ 58, Rdnr. 598–612
Hirsch	Neuntes Kapitel, B
Klunzinger	§ 42
Löwisch	Schuldrecht AT, § 16

161 obwohl Passiva (»Schulden«) normalerweise gerade nicht zum Vermögen zählen – vgl. Creifelds, S. 1266

VI. Mehrheit von Schuldnern und Gläubigern

Diese Überschrift ist identisch mit der des »Sechsten Abschnitts« des Allgemeinen Schuldrechts des BGB, der die §§ 420–432 umfaßt. Sie sollten sich diese dreizehn Vorschriften zur Information durchlesen!

Für die Praxis am bedeutendsten sind für die Gesamtschuldnerschaft die §§ 421 und 426 und für die Gesamtgläubigerschaft die §§ 428 und 430, die sich jeweils (§ 421 ⇒ § 428 und § 426 ⇒ § 430) entsprechen.

1. Gesamtschuldnerschaft

Lesen Sie nochmals § 421! Nach der Legaldefinition von § 421 S. 1 liegt eine Gesamtschuld vor, wenn mehrere eine Leistung in der Weise schulden, daß jeder Schuldner die ganze Leistung erbringen muß, während der Gläubiger diese Leistung, selbstverständlich nur einmal, aber nach Belieben von jedem der Gesamtschuldner, fordern kann.

Ein Gesamtschuldverhältnis kann durch Vertrag begründet werden, z. B. in Form des Schuldbeitritts, den Sie soeben kennengelernt haben, oder kraft Gesetzes angeordnet sein. Typische Beispiele für die gesetzliche Gesamtschuldnerschaft sind folgende Vorschriften, die Sie zur kurzen Information lesen sollten: §§ 419 Abs. 1, 556 Abs. 3, 769, 830, 840 Abs. 1, 1357 Abs. 1 (S. 2!), 2058.

Sofern der Gläubiger von seinem Recht nach § 421 S. 1 Gebrauch gemacht hat, indem er die gesamte Leistung von einem der Gesamtschuldner gefordert hat, kann dieser im Innenverhältnis entsprechend der anteiligen Verpflichtungen der anderen Gesamtschuldner gem. § 426 Abs. 1 Regreß nehmen (= Ausgleichsanspruch).

Beispiel: A und B nehmen gemeinsam bei C ein Darlehen (§ 607!) in Höhe von 10 000,– DM auf, das am 31. 12. zur Rückzahlung fällig wird. A und B vereinbaren, daß jeder 5 000,– DM davon bekommen und an C zurückzahlen soll. Gem. § 421 S. 1 kann C nach seinem Belieben die ganzen 10 000,– DM entweder von A oder von B fordern. Gem. § 426 Abs. 1 hat A gegen B einen Ausgleichsanspruch in Höhe von 5 000,– DM, wenn er die 10 000,– DM an C gezahlt hat.

Darüber hinaus ordnet § 426 Abs. 2 S. 1 an, daß der Gesamtschuldner, der den Gläubiger (voll) befriedigt hat, in Höhe seines (internen) Ausgleichsanspruchs (neuer) Gläubiger der Forderung ist (»cessio legis« – § 426 Abs. 2 und § 412 lesen!).

2. Gesamtgläubigerschaft

Lesen Sie § 428 und § 430 und sodann, falls Sie mehr darüber wissen wollen, – wahlweise! – die folgende

Literatur zur Vertiefung (6. Kapitel, V):

Brox	Allg. SchR, § 32
Klunzinger	§§ 39, 40
Löwisch	Schuldrecht AT, §§ 17, 18

Paragraphenregister

Sachregister

M

N

O

P

R

S